Das Buch vom
16.
DEZEMBER

Ein ganz besonderer Tag

Der 16. Dezember

... ein ganz besonderer Tag

Die deutsche Sprache kennt die Bezeichnung Dezember seit dem 16. Jahrhundert. Früher wurde der Monat auch als »Christmonat« oder »Heilmond« bezeichnet. Seit der Kalenderreform 46 v. Chr. schließt er als zwölfter Monat das Jahr ab. Die Patronatsnamen für den 16. Dezember sind Adelheid, Ado, Dietrich und Tanko.
Zahlreiche weltgeschichtlich wichtige Ereignisse haben sich an diesem Tag ereignet:

1653 verkündete der englische Armeerat das »Instrument of Government«, die erste geschriebene Verfassung Englands.
1740 eröffnete der preußische König Friedrich II. den Ersten Schlesischen Krieg gegen Österreich.
1773 entfesselte die »Boston Tea Party« den Unabhängigkeitskrieg Amerikas gegen Großbritannien.
1916 endet e im Ersten Weltkrieg die zermürbende Schlacht um Verdun.

Der berühmte preußische Heerführer Gebhard Leberecht Blücher wurde am 16. Dezember 1742 geboren. Die britische Schriftstellerin Jane Austen kam genau 33 Jahre später zur Welt. Ebenfalls am 16. Dezember erblickte 1878 der ungarische Komponist Zoltán Kodály das Licht der Welt.

Was die Sterne sagen

Im Zeichen des Schützen
23. November bis 21. Dezember

S chützegeborene der zweiten Dekade, zu denen all jene gehören, die am 16. Dezember zur Welt kamen, zeichnen sich durch Lebenslust, Strebsamkeit, aber auch einen Hang zur Romantik aus, der manchmal den Blick auf die Realitäten und eigenen Grenzen verschleiert.

Obwohl sie im allgemeinen wegen ihrer Energie sehr geschätzt werden und allseits beliebt sind, können Schützegeborene Enttäuschungen und Anfeindungen nicht leicht wegstecken. Ihr Idealismus erleichtert den Schützen zunächst aber unter Nutzung ihrer Talente den Aufstieg. So finden sich mit Anke Huber, Monica Seles und Aranxta Sanchez-Vicario drei Tennisspielerinnen der absoluten Weltspitze unter den Schützen. Ihr Aufstieg war kometenhaft, aber Schicksalsschläge oder Niederlagen können sie wesentlich schwerer verkraften als andere Sternzeichenträger.

Im Erfolg hingegen sind die Schützen wahre Frohnaturen – wie der Rock-'n'-Roll-Star Little Richard oder Walt Disney, Paradebeispiel für einen Selfmademan. Überhaupt scheinen sich Schützen im Show-Business wohl zu fühlen. Berühmte Größen des Musikgeschäfts wie Frank Sinatra, Jim Morrison oder Tom Waits gehören ebenso dazu wie die Filmstars Kim Basinger und Jeff Bridges.

1900–1909

Highlights des Jahrzehnts

1900
- Weltausstellung in Paris
- Niederschlagung des Boxeraufstandes in China
- Uraufführung der Oper »Tosca« von Giacomo Puccini in Rom
- Probefahrt des ersten Zeppelin »LZ 1«

1901
- Die britische Königin Victoria stirbt
- Erste Nobelpreise verliehen
- Thomas Mann veröffentlicht die »Buddenbrooks«
- Mordattentat auf US-Präsident McKinley, Theodore Roosevelt wird Nachfolger

1902
- Beendigung des Burenkrieges in Südafrika
- Krönung Eduards VII. zum König von Großbritannien
- Inbetriebnahme der Transsibirischen Eisenbahn
- Kunstströmung »Jugendstil« auf dem Höhepunkt

1903
- Serbischer König Alexander I. ermordet
- Erste Tour de France in Paris
- Erster Motorflug der Brüder Wright
- Kampf der Suffragetten um das Frauenwahlrecht
- Margarethe Steiff präsentiert den »Teddy-Bären«

1904
- Hereros erheben sich in Deutsch-Südwestafrika
- Beginn des Russisch-Japanischen Krieges
- Arthur Korn gelingt die erste Bildtelegraphie

1905
- Petersburger »Blutsonntag«
- Tangerbesuch Wilhelms II. führt zur Ersten Marokkokrise
- Albert Einstein entwickelt »Spezielle Relativitätstheorie«
- Künstlergemeinschaft »Die Brücke« wird gegründet

1906
- Revolutionäre Unruhen und erstes Parlament in Rußland
- Roald Amundsen duchfährt die Nordwestpassage
- Dreyfus-Affäre beigelegt
- Erdbeben verwüstet San Francisco

1907
- Pablo Picasso malt »Les Demoiselles d'Avignon« und begründet den Kubismus
- Erste Farbfotografien von Louis Jean Lumière

1908
- Ford baut Modell T (»Tin Lizzy«)
- Österreich-Ungarn annektiert Bosnien und Herzegowina
- Durchbruch der olympischen Idee bei Spielen in London
- 30 000 Jahre alte Statuette (Venus von Willendorf) gefunden

1909
- Robert E. Peary erreicht als erster Mensch den Nordpol
- Louis Blériot überfliegt den Ärmelkanal
- Unruhen in Persien: Schah Mohammed Ali dankt ab

◄ **Auf der Jagd nach Reichtum und Glück: Goldsucher in Alaska (1901)**

1900

Sonntag 16. Dezember

 Politik

Kaiser Wilhelm II. ist stolz auf seine Soldaten. Er empfängt in Berlin die aus China zurückkehrenden Einheiten und dankt ihnen im Namen des deutschen Volkes. Im Sommer waren deutsche Truppen nach Ausbruch des sog. Boxeraufstands im Rahmen einer internationalen Militäraktion nach China entsandt worden. Die chinesische Oppositionsbewegung gegen den Landadel und gegen ausländische Einflüsse war eskaliert, nachdem der deutsche Gesandte ermordet worden war.

Rekorde 1900–1909

400 m: Maxey Long (USA) – 47,8 sec (1900)
Weitsprung: Peter O' Connor (IRL) – 7,61 m (1901)
Stabhochsprung: Walter Dray (USA) – 3,90 m (1908)
Kugelstoßen: R. Rose (USA) – 15,56 m (1909)

 Gesellschaft

Das deutsche Schulschiff »Gneisenau« sinkt im Hafen von Málaga in einem Sturm, dessen Böen von einer Minute auf die andere auf Windstärke 8 aufgefrischt waren. 41 Mann kommen bei dem tragischen Unglück ums Leben.

 Wetter

Im Dezember 1900 ist besonders schönes Wetter. Die Durchschnittstemperatur liegt mit 3,4 °C weit über dem langjährigen Mittel von 0,7 °C.

1901

Montag 16. Dezember

Politik

Proteste und Unruhen erschüttern das russische Zarenreich. In zahlreichen Orten wird heute die Zahl der Sicherheitskräfte drastisch erhöht. Angesichts der einschneidenden Veränderungen innerhalb der russischen Gesellschaft durch die rasch vorangetriebene Industrialisierung und infolge der bestehenden sozialen Ungerechtigkeit häufen sich seit Jahren die Zusammenstöße zwischen armen Bevölkerungsschichten und der Staatsmacht.

Gesellschaft

Die antipolnische Stimmung in Preußen wächst. Die Behörden verbieten per Verordnung polnischen Vereinen in Westfalen den Gebrauch ihrer Sprache bei ihren öffentlichen Versammlungen. Seit der Reichsgründung 1871 versuchen preußische Politiker, die polnische Minderheit in den östlichen Provinzen (rund 10% der Bevölkerung) zwangsweise zu »germanisieren«.

Wetter

Mit höheren Temperaturen als gewöhnlich geht das Jahr zu Ende. Im Dezember 1901 sinkt das Thermometer nur auf 1,6 °C, während es in den Dezember-Monaten der Vorjahre durchschnittlich erst bei 0,7 °C stehengeblieben war.

1902

Dienstag 16. Dezember

 Politik

Massiven Nachdruck verleihen Großbritannien, Italien und das Deutsche Reich ihren Forderungen an Venezuela nach Rückzahlung fälliger Schulden. Heute droht die italienische Regierung mit einer Seeblockade, drei Tage zuvor beschlossen deutsche und britische Kriegsschiffe die Stadt Puerto Cabello. Die drei Staaten verlangen Schadenersatz für die Zerstörung ihrer Besitzungen in Venezuela. Das Land ist seit 1899 in einen Bürgerkrieg verstrickt, dem ausländische Fabriken zum Opfer gefallen sind.

> Die Ehescheidung bleibt in Italien tabu. Entsetzt über den Vorschlag des Parlaments, die Scheidung zu erlauben, warnt Papst Leo XIII. vor einem Rückschritt »auf die Stufe primitiver Heiden.«

 Kultur

Gespannt erwartet das Premierenpublikum in Budapest die Aufführung der Oper »Berlichingen Götz« von Karl Goldmark. Der 72jährige Komponist ungarischer Herkunft sorgt mit seinen experimentierfreudigen Werken schon seit Jahrzehnten immer wieder für Überraschungen.

 Wetter

Freundlich, aber relativ kühl zeigt sich der Dezember 1902. Die Temperaturen liegen um −1,8 °C.

1903

Mittwoch 16. Dezember

Gesellschaft

Die norwegische Regierung verbietet den Walfischfang innerhalb einer Zone von 7 km vor der norwegischen Küste für einen Zeitraum von zehn Jahren. Hinter dem Verbot steht die Vermutung der norwegischen Fischer, daß der Wal die Fische zur Küste treibt. Der technische Fortschritt im Walfischfang hat die Zahl der Tiere in den vergangenen Jahren über die Maßen dezimiert. Mit kleinen starken Dampfschiffen werden die Großsäuger verfolgt. Aus Geschützen oder Mörserbüchsen werden Harpunen auf den gestellten Wal abgefeuert, die das Tier durch ein integriertes Sprenggeschoß töten. Ein Wal gibt 24 t Tran und 1,6 t Fischbein. Der Bruttoertrag beläuft sich auf etwa 4000 Mark.

Kultur

Professoren und Studenten der Harvard University gratulieren dem Philosophen und Dichter George Santayana zum 40. Geburtstag. Seit 1889 lehrt er als Professor in Harvard hauptsächlich kulturphilosophische und kulturkritische Themen.

Wetter

Trockener als in den Vorjahren bleibt der Dezember diesmal. Mit 10,9 mm liegt die Niederschlagsmenge unter dem langjährigen Mittel von 41 mm.

1904

Freitag 16. Dezember

 Gesellschaft

Das Musée Social in Paris feiert sein zehnjähriges Bestehen. Am Festakt nimmt auch der französische Staatspräsident Émile Loubet teil. Das Museum war bei seiner Gründung das erste seiner Art. Hier wird alles erdenkliche Material gesammelt, das Aufschluß über die soziale Entwicklung und Struktur der Gesellschaft gibt. Nach seinem Vorbild entstanden ähnliche Einrichtungen in den USA, in Österreich und dem Deutschen Reich.

 Gesellschaft

Importe ausländischer Agrarprodukte werden in Dänemark künftig genau unter die Lupe genommen. Ein heute vorgelegter Gesetzentwurf des Landwirtschaftsministers sieht die Deklarierung der Herkunft vor. Dänische Butter und Milcherzeugnisse, die für den Export bestimmt sind, sollen außerdem regelmäßigen Qualitätskontrollen unterzogen werden.

 Wetter

Mildes und feuchtes Wetter bestimmt den Dezember 1904. Mit 3,5 °C bleibt es ungewöhnlich warm. Meist als Regen fällt der Niederschlag; mit 45,9 mm etwas mehr, als nach dem langjährigen Monatsdurchschnitt (41 mm) zu erwarten sind.

1905

Samstag **16.** *Dezember*

Gesellschaft

Die Einführung von Motor-Omnibussen in Berlin erweist sich als großer Erfolg. Die modernen Nahverkehrsmittel, die knapp 40 Personen transportieren können, sind seit einem Monat im Einsatz und erwirtschaften, wie heute gemeldet wird, bereits Gewinne. Sie bieten größeren Komfort als die bisher üblichen Pferdebusse und sind schneller.

Stars der Jahre 1900–1909

Isadora Duncan
Tänzerin
Gustav Mahler
Komponist/Dirigent
Anna Pawlowa
Tänzerin
Sarah Bernhardt
Schauspielerin
Orville/Wilbur Wright
Flieger

Gesellschaft

Die deutschen Großgrundbesitzer in Kurland, Livland und Estland ergreifen die Flucht. Nationalisten und Sozialdemokraten rufen zur Revolution gegen die Deutsch-Balten auf und plündern ihre Höfe. Bis zur Russifizierung der Ostseeprovinzen in den 1880er Jahren bildeten die Deutschen im Baltikum die gesellschaftliche Oberschicht.

Wetter

Relativ warm und fast niederschlagsfrei ist der Dezember in diesem Jahr. Das Thermometer sinkt nur selten unter den Gefrierpunkt. Die Durchschnittstemperatur liegt 1,5 Grad über dem langjährigen Mittelwert für Dezember (0,7 °C).

1906

Sonntag 16. Dezember

 Politik

Die italienische Polizei hat alle Hände voll zu tun. Bereits zum wiederholten Male muß sie Demonstranten vor der französischen Botschaft in Rom vertreiben, die ausgerechnet hier, in direkter Nähe zum Vatikan, ihre Solidarität mit dem Kirchenkampf der französischen Regierung bekunden. In Frankreich werden die Kirchen seit der Regierungsübernahme von Radikalsozialisten und Republikanern (1898) als gefährlichste Macht der Reaktion ihrer Vorrechte beraubt.

 Politik

Die USA sichern sich den Zugriff auf den strategisch bedeutenden Panamakanal. In Washington teilt eine Kommission mit, daß weder ausländisches Material noch die Mitarbeit ausländischer Unternehmen für den Bau vorgesehen sind. Das Kanalprojekt, das eine Verbindung zwischen den beiden Küsten der USA herstellen soll, war im Juni beschlossen worden.

Anhaltende Schneefälle und Temperaturen bis zu –10 °C sorgen im Dezember 1906 für eine weiße Weihnacht. Der eisige Ostwind beschert einen der kältesten Winter seit Beginn des Jahrhunderts.

1907

Montag 16. Dezember

Politik

Die USA lassen ihre Muskeln spielen. Am Morgen sticht das atlantische Geschwader der US-Flotte in See, um gegenüber Japan Stärke zu demonstrieren. Konkret richtet sich das Spektakel gegen die im Juni erfolgte Annexion Koreas durch Japan und damit gegen das Vordringen des Großmacht-Rivalen auf asiatisches Festland.

Kultur

Wenn das Theater der Realität zum Verwechseln ähnlich sieht, ist es kein Theater mehr. So entscheiden die Berliner Richter und verbieten weitere Aufführungen des Einakters »Vor dem Schöffengericht« aus der Feder eines Breslauer Rechtsanwaltes. Das Stück zeige eine naturgetreue Gerichtsverhandlung und könne daher zu Verwechslungen führen, die die öffentliche Ordnung stören.

Preise in den Jahren 1900–1909

1 kg Butter	2,46
1 kg Mehl	0,35
1 kg Fleisch	1,55
1 Ei	1,05
1 l Vollmilch	1,00
10 kg Kartoffeln	0,65

in Mark, Stand 1905

Wetter

Fast Frühlingsstimmung herrscht im Dezember 1907. Anders als im Vorjahr bestimmt laue, feuchte Luft mit einer Durchschnittstemperatur von 1,6 °C und anhaltenden Regengüssen das Wetter.

1908

Mittwoch 16. Dezember

 Politik

»Linie ohne Bauch«: Das Korsett, ein modisches Muß für die elegante Frau

Während sich der venezolanische Präsident Cipriano Castro zu einer ärztlichen Untersuchung in Berlin aufhält, trifft in der Hauptstadt seines Landes, Caracas, sein Vize, Juan Vincente Gómez, letzte Vorbereitung für seinen Sturz. Er übernimmt am 17. Dezember die Macht und beendet damit das diktatorische Regime von Castro.

 Gesellschaft

In einer Kohlegrube der Staatseisenbahnen in Reschitza (Österreich) werden die Arbeiter von einer Schlagwetterexplosion überrascht. Obwohl 13 Bergleute durch die Explosion umkommen, werden die 300 überlebenden Kumpel angehalten, ihre Arbeit auf der Stelle wieder aufzunehmen.

 Wetter

Kalt und fast niederschlagsfrei ist der Dezember 1908. Das Thermometer fällt auf durchschnittlich –0,9 °C. Die Niederschlagsmenge von 11 mm liegt weit unter dem langjährigen Mittelwert für diesen Monat (41 mm).

1909

Donnerstag 16. Dezember

Politik

Ein Arzt befehligt die Armee der USA. General Leonard Wood wird von US-Präsident William H. Taft zum neuen Oberbefehlshaber der US-Armee ernannt. Es hatte besonderen Eindruck gemacht, als es ihm gelungen war, duch die Einführung hygienischer Bestimmungen die kubanische Hauptstadt Havanna von der Malaria zu befreien.

Politik

Die deutschen Zeitungen übertreffen sich mit antibritischen Kommentaren. Sie reagieren auf Artikel in der Londoner Presse, in denen vor deutschen Angriffsplänen gegen Großbritannien gewarnt wurde. Das Presse-Hickhack verdeutlicht die deutsch-britischen Spannungen, die zunehmen, weil das deutsche Flottenprogramm einen Rüstungswettlauf zur See ausgelöst hat.

Wetter

Bei mildem Wetter um 2,6 °C fallen im Dezember 1909 fast täglich Niederschläge. Während der langjährige Monatsdurchschnitt bei 41 mm liegt, fallen in diesem Jahr 62 mm.

Gute Figur in Sakkoanzug und Wettermantel: Die Mode für den Herrn

1910-1919

Highlights des Jahrzehnts

1910
- Georg V. wird nach dem Tod Eduards VII. britischer König
- Der Halleysche Komet passiert die Erde
- Bürgerliche Revolution beendet Monarchie in Portugal
- Wassily Kandinsky begründet die abstrakte Malerei
- Sieg des Schwarzen Jack Johnson bei Box-WM

1911
- Bürgerkrieg in Mexiko
- »Panthersprung nach Agadir« löst Zweite Marokkokrise aus
- Militärputsch leitet Chinesische Revolution ein
- Roald Amundsen gewinnt den Wettlauf zum Südpol

1912
- Erster Balkankrieg
- Woodrow Wilson wird 28. US-Präsident
- Untergang der »Titanic«
- Büste der Königin Nofretete gefunden

1913
- Zweiter Balkankrieg
- Niels Bohr entwirft neues Atommodell
- Größter Bahnhof der Welt (Grand Central Station) in New York eingeweiht

1914
- Österreichs Thronfolger in Sarajevo ermordet
- Ausbruch des Ersten Weltkrieges
- Eröffnung des Panamakanals

1915
- Stellungskrieg im Westen
- Beginn der Ostoffensive
- Charlie Chaplin wird mit »Der Tramp« Star des US-Kinos
- Versenkung der »Lusitania« durch ein deutsches U-Boot

1916
- Schlacht um Verdun
- Osteraufstand in Irland niedergeschlagen
- Seeschlacht vor dem Skagerrak
- Der österreichische Kaiser Franz Joseph I. stirbt
- Rasputin ermordet

1917
- Beginn des uneingeschränkten U-Boot-Krieges
- Zar Nikolaus II. dankt ab
- Oktoberrevolution in Rußland

1918
- US-Präsident Wilson verkündet 14-Punkte-Programm
- Russische Zarenfamilie ermordet
- Waffenstillstand von Compiègne beendet Ersten Weltkrieg
- Novemberrevolution: Kaiser Wilhelm II. dankt ab, Philipp Scheidemann ruft die deutsche Republik aus

1919
- Spartakusaufstand niedergeschlagen
- Rosa Luxemburg und Karl Liebknecht ermordet
- Friedrich Ebert erster Reichspräsident
- Harte Friedensbedingungen im Vertrag von Versailles

◀ Im Kampf gegen widrige Verhältnisse: Charlie Chaplin als »Tramp« (1915)

1910

Freitag 16. Dezember

Politik

Nach vier Jahrzehnten wird das deutsche Reichsland Elsaß-Lothringen den deutschen Bundesstaaten faktisch gleichgestellt. Der Bundesrat in Berlin nimmt einen entsprechenden Verfassungsentwurf einstimmig an. Das Gebiet war im Frieden von Frankfurt am Main 1871 von Frankreich an das Deutsche Reich abgetreten und seither als preußische Provinz verwaltet worden.

Gesellschaft

Widerstand gegen den ultra-konservativen Kurs von Papst Pius X. regt sich innerhalb der katholischen Kirche. Vier Münchener Theologieprofessoren legen ihre seelsorgerischen Ämter nieder und weigern sich, den sog. Antimodernisteneid zu leisten. Dieser Eid, der jedem Geistlichen abverlangt wird, verdammt alle Versuche einer Anpassung der Kirche an moderne Denkweisen und neue bürgerliche Ordnungen, die vom Vatikan als »Irrtümer dieser Zeit« bezeichnet werden.

Wetter

Außergewöhnlich freundlich endet das Jahr 1910. Die mittlere Temperatur liegt im Dezember mit 3 °C weit über dem langjährigen Durchschnitt für diesen Monat (0,7 °C).

1911

Samstag 16. Dezember

Gesellschaft

Der Kampf der Suffragetten, radikaler britischer Frauenrechtlerinnen um das Wahlrecht nimmt an Härte zu. Während einer Diskussion wirft ein männlicher Mitstreiter der Suffragetten eine Messingbüchse nach dem britischen Schatzkanzler David Lloyd George, der Verletzungen im Gesicht davonträgt. Erst Ende November hatten Suffragetten versucht, das Unterhaus zu stürmen. Sie warfen in der ganzen Stadt Fensterscheiben von Geschäften und Wohnhäusern ein.

Preise in den Jahren 1910–1919

1 kg Butter	2,74
1 kg Mehl	1,90
1 kg Fleisch	3,00
1 Ei	0,13
1 l Vollmilch	0,25
10 kg Kartoffeln	3,30
Stundenlohn	0,66

in Mark, Stand 1913

Kultur

In Dortmund wird am Ostwall der Neubau für das städtische Kunst- und Gewerbemuseum feierlich eröffnet. Vorwiegend werden hier künftig Werke der zeitgenössischen Malerei gezeigt.

Wetter

Bei durchschnittlich 3 °C kann im Dezember 1911 von Winter keine Rede sein. Die weiße Weihnacht fällt bei anhaltenden Regenfällen und Sturm buchstäblich ins Wasser.

1912

Montag 16. Dezember

Gesellschaft

Der Eroberer des Südpols, Roald Amundsen aus Norwegen, wird in Paris mit dem Großkreuz der Ehrenlegion ausgezeichnet. Ende 1911 hatte er nach wochenlangen Strapazen auf seinem Weg durch die Antarktis, zusammen mit vier Begleitern, als erster Mensch den Südpol erreicht. Anders als sein Konkurrent Scott kehrte er wohlbehalten zurück.

**Rekorde
1910–1919**

Schwimmen: H. Hebner (USA) – 1:20,8 min/100 m Rücken (1912)
100 m: Nina Popowa (RUS) – 13,1 sec (1913)
Hochsprung: C. Larson (USA) – 2,03 m (1917)
Speerwerfen: Jonni Myyrä (FIN) – 66,10 m (1919)

Gesellschaft

Der Sprachenstreit in Belgien verschärft sich. Die französischsprachigen Belgier in Brüssel protestieren gegen den Plan, die Universität Gent in eine flämische Einrichtung umzuwandeln. Sie fordern die Einführung des Französischen als Nationalsprache. Erst 1932 schlichtet ein Gesetz den Streit um die Sprachregelung in Belgien.

Wetter

Wie schon im Jahr zuvor ist das Wetter im Dezember 1912 viel zu mild. Die Temperaturen bewegen sich um 4,3 °C. Der langjährige Mittelwert für diesen Monat liegt bei 0,7 °C.

1913

Dienstag 16. Dezember

Politik

Die Ministerratssitzung in Paris lehnt die umstrittene Einführung von Steuerprivilegien bei Staatsanleihen endgültig ab. Die Uneinigkeit über den Gesetzentwurf hatte vor einigen Tagen die Regierung unter Louis Barthou zu Fall gebracht. Der neue französische Ministerpräsident Gaston Doumergue (Radikale) vertritt in der Innenpolitik künftig einen fortschrittlichen, antiklerikalen Kurs.

Politik

Die Diktatur in Mexiko etabliert sich wieder. Präsident Victoriano Huerta suspendiert den Ende Oktober neugewählten Kongreß bis April 1914. Bereits die Wahlen zum Kongreß wurden von Huerta kontrolliert. Die USA beanstandeten damals massive Manipulationen. US-Präsident Woodrow Wilson plädiert für den Entzug aller Unterstützungen, um die Diktatur zu beenden. Erst 1911 war die 30 Jahre dauernde Diktatur von Porfirio Diaz beendet worden.

Wetter

Mit reichlich Regen und viel zu hohen Temperaturen (um 3,4 °C) für die Jahreszeit präsentiert sich der Dezember 1913. Während gewöhnlich 41 mm Niederschlag fallen, sind es jetzt 114 mm.

1914

Mittwoch 16. Dezember

 Gesellschaft

Die sozialistische »Popolo d'Italia« wird zu einem der meistgelesenen Blätter in Italien. Die vom späteren Faschistenführer und Staatschef Benito Mussolini erstmals vor einem Monat herausgegebene Zeitung setzt sich in ihrer heutigen Ausgabe zum wiederholten Mal für einen Kriegseintritt Italiens an der Seite Frankreichs ein und spricht damit vielen Nationalisten aus der Seele.

Stars der Jahre 1910–1919

David Wark Griffith
Filmregisseur
Mary Pickford
Filmschauspielerin
Enrico Caruso
Sänger
Douglas Fairbanks
Filmschauspieler
Charlie Chaplin
Filmschauspieler

 Politik

Nach dem Einmarsch deutscher Truppen in Belgien wird der dortige Moritz Freiherr von Bissing von der deutschen Reichsregierung in seine Arbeit als Generalgouverneur für das Gebiet eingewiesen. So soll er im Sprachenstreit die Flamen unterstützen.

 Wetter

Angenehm mild wie seine Vorgänger kommt auch der Dezember 1914 daher. Die Temperaturen liegen im Durchschnitt bei 4,3 °C und übersteigen damit den langjährigen Mittelwert für diesen Monat (0,7 °C) erheblich.

1915

Donnerstag 16. Dezember

Gesellschaft

Ausnahmen bestätigen die Regel: Der Berliner Polizeipräsident ordnet an, daß am Heiligabend und zu Silvester der Verkauf von Fleisch nicht wie an anderen Freitagen untersagt ist. Anfang November waren zwei fleischlose Tage pro Woche eingeführt worden, um den Fleischverbrauch in der Bevölkerung zu senken und damit eine gerechtere Verteilung der Vorräte zu ermöglichen. Die Handelsblockade der alliierten Franzosen und Briten im Ersten Weltkrieg und der Arbeitskräftemangel in der Landwirtschaft haben schon bald nach Kriegsbeginn 1914 zu Engpässen in der Lebensmittelversorgung der deutschen Bevölkerung geführt.

Gesellschaft

Mit Kochrezepten beschäftigt sich heute der Bundesrat. Vorschriften über die Zubereitung von Kuchen, Süßigkeiten und Schokolade sollen den Verbrauch von wichtigen Rohstoffen wie Fett, Zucker, Milch und Sahne senken.

Wetter

Wie in den vergangenen Jahren will es auch im Dezember 1915 noch nicht so richtig Winter werden. Die milden Temperaturen lassen die 62 mm Niederschlag überwiegend als Regen zur Erde fallen.

1916

Samstag **16.** *Dezember*

Politik

Das deutsche Friedensangebot wird vom russischen Außenminister Nikolai N. Pokrowski zurückgewiesen. Am 12. Dezember hatte die deutsche Regierung im Namen der Mittelmächte die Einleitung von Friedensverhandlungen mit der Entente vorgeschlagen, ohne jedoch konkrete Kriegsziele zu äußern. Wie Rußland lehnen auch Frankreich und Großbritannien ab. Die Kampfhandlungen gehen weiter – bis 1918.

Gesellschaft

Zündhölzer werden ab heute nur noch zu Höchstpreisen verkauft. Zwei Schachteln mit je 60 Hölzern kosten neun Pfennig. Angesichts dieser Preissteigerung werden sie schon fast zur Luxusware.

Wetter

Ein weiterer milder Winter scheint sich im Dezember 1916 mit durchschnittlich 3,1 °C – 2,4 Grad über dem langjährigen Mittelwert – anzukündigen. Die Niederschlagsmenge fällt mit 73 mm sehr hoch aus. Der Mittelwert liegt bei 41 mm.

Die Herrenkleidung wird sportlicher. Dazu gehört der weiche Hut

Sonntag **16.** *Dezember*

Gesellschaft

Angehörige von Kriegsgefangenen werden im vierten Weltkriegsjahr zum wiederholten Mal von der Obersten Heeresleitung angewiesen, in ihren Briefen nichts über militärische Einrichtungen zu schreiben. Diese Informationen könnten sonst in die Hände des Feindes gelangen.

Gesellschaft

Die Oktoberrevolution fordert harte Opfer. Das revolutionäre Komitee in Petrograd beschließt, alle Weinvorräte zu vernichten. In den letzten Wochen waren immer wieder Weinkeller geplündert und Alkoholdepots ausgeraubt worden. Seit Anfang November regiert der bolschewistische Rat der Volkskommissare unter Führung Wladimir I. Lenins das ehemalige Zarenreich.

Das praktische Sportkleid für die Jagd und für Bergtouren

Wetter

Zum ersten Mal seit Jahren sinkt die Temperatur im Dezember 1917 unter den Mittelwert der Vorjahre (0,7 °C). Mit durchschnittlich −0,5 °C herrscht kaltes Winterwetter vor.

Montag **16.** *Dezember*

Gesellschaft

Die Aktionäre der Friedrich-Krupp AG in Essen gehen in diesem Jahr leer aus. Die Generalversammlung des Waffenfabrikanten, der nach einer gigantischen Kriegsproduktion nun umsatteln muß, beschließt, keine Gewinnausschüttung vorzunehmen. Vorstand und Aufsichtsrat hatten ein Dividende von 4% vorgeschlagen.

Politik

Der »Allgemeine Kongreß der Arbeiter- und Soldatenräte Deutschlands« tagt in Berlin. Die 489 Delegierten, hauptsächlich Mitglieder der MSPD und der USPD, bekennen sich zur parlamentarischen Demokratie und beschließen Wahlen zu einer deutschen Nationalversammlung im Januar. Die »November-Revolution« hatte kurz zuvor das deutsche Kaiserreich beendet. Unter Friedrich Ebert als erstem Reichskanzler wurde der »Rat der Volksbeauftragten« einberufen, der von den Arbeiter- und Soldatenräten unterstützt wird.

Wetter

Von seiner milderen Seite zeigt sich der Dezember in diesem Jahr. Durchschnittlich 3,8 °C lassen auf einen kurzen Winter hoffen. Die Niederschläge erreichen mit 82 mm einen recht hohen Wert.

1919

Dienstag 16. Dezember

Politik

Unter der Leitung von Arnold Paulssen (DDP) tritt in Weimar der Volksrat des neuen Freistaats Thüringen zusammen. Zu der neuen »Staatengemeinschaft«, die 1920 Land des Deutschen Reiches wird, gehören u.a. die Staaten Sachsen-Weimar-Eisenach, Sachsen-Altenburg, Sachsen-Gotha, Schwarzburg-Rudolstadt, Schwarzbur-Sondershausen, Sachsen-Meiningen und Reuß.

Politik

Die sowjetische Rote Armee behält die Oberhand im russischen Bürgerkrieg. Die Truppen besetzen Kiew und marschieren weiter in Richtung Donbass, einem strategisch wichtigen Steinkohlegebiet. Der Kampf gegen die antibolschewistischen »Weißen« hatte 1918 begonnen.

> Die Verfassungsklage einer Brauerei gegen das beschlossene Alkoholverbot in den USA wird abgewiesen. 1920 tritt das Prohibitionsgesetz in Kraft. Bis 1933 wird nun heimlich getrunken.

Wetter

Mit 88 mm fallen im Dezember 1919 noch mehr Niederschläge als im Vorjahr. Bei deutlich kälteren Temperaturen (Durchschnitt 0,3 °C) geben die Wolken ihre Feuchtigkeit allerdings wesentlich häufiger als Schnee ab.

1920-1929

Highlights des Jahrzehnts

1920
- Prohibition: Kein Alkohol in den USA
- NSDAP verabschiedet ihr Programm
- Kapp-Putsch scheitert
- Erstmals Salzburger Festspiele

1921
- Alliierte besetzen das Rheinland
- Hitler wird NSDAP-Vorsitzender
- Hormon Insulin entdeckt
- Rudolph Valentino wird Frauenidol
- Vertrag von Sèvres bedeutet Ende des Osmanischen Reichs

1922
- Hungersnot in Rußland
- »Deutschlandlied« wird zur Nationalhymne erklärt
- Mussolinis Marsch auf Rom
- Gründung der UdSSR
- Grab des Tutanchamun entdeckt
- Deutsch-russische Annäherung durch Vertrag von Rapallo
- Gründung der BBC
- Johnny Weissmuller stellt über 100 m Kraul den ersten seiner 67 Weltrekorde auf (58,6 sec)

1923
- Franzosen besetzen Ruhrgebiet
- Hitlers Putschversuch scheitert
- Währungsreform beendet Inflation im Deutschen Reich
- Die Türkei wird Republik

1924
- Erstmals Olympische Winterspiele
- Revolutionsführer Lenin stirbt
- Dawes-Plan lockert finanzielle Zwänge für Deutschland
- VIII. Olympische Spiele: Läufer Paavo Nurmi gewinnt 5 Goldmedaillen

1925
- Einparteiendiktatur in Italien
- Neugründung der NSDAP
- Hindenburg wird nach dem Tod Eberts Reichspräsident
- Europäische Entspannung durch Locarno-Pakt
- Joséphine Baker wird im Bananenröckchen zum Weltstar

1926
- Japans Kaiser Hirohito besteigt den Thron
- Militärputsch Pilsudskis in Polen
- Walt Disneys Mickey Mouse erobert die Welt
- Deutschland im Völkerbund

1927
- Stalin entmachtet politische Gegner
- Charles Lindbergh überfliegt den Atlantik
- Uraufführung des Films »Metropolis« von Fritz Lang

1928
- Briand-Kellogg-Pakt zur Kriegsächtung unterzeichnet
- Alexander Fleming entdeckt das Penicillin
- »Dreigroschenoper« von Brecht und Weill uraufgeführt
- Erste Transatlantik-Fluglinie zwischen Paris und Buenos Aires

1929
- Youngplan regelt Reparationen
- »Schwarzer Freitag« in New York löst Weltwirtschaftskrise aus
- Erste Oscar-Verleihung in Hollywood
- Antikriegs-Roman »Im Westen nichts Neues« von Remarque

◀ Lebenslust pur: Joséphine Baker, Sinnbild der »wilden« 20er

1920

Donnerstag 16. Dezember

 Politik

Neue Konflikte bahnen sich an. Das 1918 gegründete Königreich der Serben, Kroaten und Slowenen (heute Jugoslawien) bricht die Beziehungen zum Nachbarn Bulgarien mit der Begründung ab, daß die Bedingungen des Friedensvertrags zwischen beiden Staaten von Bulgarien gebrochen worden seien. Zum einen sei die aufgestellte Armee zu groß, zum anderen erfülle Bulgarien nicht die verabredeten Kohlelieferungen. Bulgarien hatte im Ersten Weltkrieg auf seiten der Mittelmächte gekämpft, während die Vorläufer Jugoslawiens mit den Alliierten verbündet waren.

 Politik

Österreich wird einstimmig in den frisch gegründeten Völkerbund aufgenommen, nachdem die junge Republik Anfang Oktober den Friedensvertrag von St. Germain mit den Siegermächten des Ersten Weltkrieges unterzeichnet hatte. Gleichzeitig wird die Aufnahme von Luxemburg und Finnland in den Staatenbund, Vorgänger der UNO, beschlossen.

 Wetter

Kalt und trocken ist das Wetter im Dezember 1920. Die Niederschlagsmenge liegt mit 43 mm erheblich unter der der letzten Jahre.

1921

Freitag 16. Dezember

Politik

Verträge über Verträge sichern den internationalen Frieden. Die Tschechoslowakei und Österreich erkennen im Vertrag von Lana die Unverletzlichkeit ihrer Staatsgrenzen gegenseitig an. Bis zum Ende des Ersten Weltkriegs war das Gebiet der Tschechoslowakei Teil des Kaiserreiches Österreich-Ungarn, das 1918 zerfallen war. Bereits Ende 1918 führte Tomáš Garrigue Masaryk Tschechen und Slowaken in der Tschechoslowakischen Republik zusammen.

Stars der 20er Jahre

Buster Keaton
Filmschauspieler
Johnny Weissmuller
Schwimmer
Rudolph Valentino
Filmschauspieler
Joséphine Baker
Tänzerin
Charles Lindbergh
Flieger

Kultur

Spendabel zeigt sich der frühere Generaldirektor der Berliner Staatlichen Museen, Wilhelm von Bode. Er verkauft seine Privatbibliothek und spendet den beachtlichen Erlös von 2,5 Mio. Reichsmark für die Fertigstellung des asiatischen Museums in Dahlem.

Wetter

Mehr Niederschläge als gewöhnlich bei einer für die Jahreszeit normalen Durchschnittstemperatur von 0,6 °C leiten im Dezember 1921 den Winter ein.

1922

Samstag 16. Dezember

 Politik

Die deutsche Reichsregierung »erfindet« die Zwangsanleihe für Besserverdienende. Die klaffenden Finanzlöcher im Haushalt sollen von denen gestopft werden, die mehr als 30 000 Reichsmark im Jahr verdienen oder über ein Vermögen von mehr als 250 000 Reichsmark verfügen. Sie müssen 5% ihres Geldes an den Staat abtreten.

 Politik

Rechts von den Rechten steht die Deutschvölkische Freiheitspartei, die heute gegründet wird. Ihre Mitglieder spalten sich von der Deutschnationalen Volkspartei (DNVP) ab. Seit Kriegsende sind rechte Parteien im Aufwind. Sie profitieren von der vermeintlich »ungerechten« Nachkriegsordnung, die viele Deutsche empört, zum anderen sind sie Forum derer, die den »chaotischen« Parlamentarismus der Weimarer Republik verdammen und sich nach »Recht und Ordnung« sehnen.

 Wetter

Das Jahr 1922 endet mit relativ angenehmem Dezemberwetter. Das Thermometer hält sich im Durchschnitt bei 2,6 °C auf. Die Niederschläge liegen mit 56 mm etwas höher als der langjährige Mittelwert (41 mm).

1923

Sonntag 16. Dezember

Politik

Zwischen den besetzten und unbesetzten Gebieten des Deutschen Reiches wird nach zähen Verhandlungen der Eisenbahnverkehr wieder aufgenommen. Reichsverkehrsminister Rudolf Oeser schließt mit der französischen und belgischen Besatzungsmacht ein entsprechendes Abkommen. Anfang des Jahres war das Ruhrgebiet besetzt worden, um die ausbleibenden deutschen Reparationsleistungen einzufordern. Aufgrund gehäufter Sabotageakte, die sich gegen die Besetzung richteten, hatten die Behörden den Verkehr eingestellt.

Politik

300 Verhaftungen an einem Tag hat die Berliner Polizei zu verzeichnen. Am morgen hatte ein verbotener Kommunisten-Kongreß in der Reichshauptstadt begonnen.

Wetter

Die Temperaturen sinken im Dezember 1923 auf Werte um –2,2 °C. Der langjährige Mittelwert für diesen Monat liegt bei 0,7 °C. Die Jahreswende wird von Frost und Schneefall begleitet.

Preise in den 20er Jahren

1 kg Butter	3,60
1 kg Mehl	0,50
1 kg Fleisch	2,50
1 Ei	0,20
10 kg Kartoffeln	0,80
Stundenlohn	0,93

in RM, Stand 1926
(ohne Inflationsjahre)

1924

Dienstag 16. Dezember

 Politik

Reichspräsident Friedrich Ebert (SPD) berät nach der gestrigen Reichstagswahl mit den Vertretern aller großen Parteien über die schwierige politische Lage und die Frage einer Regierungsneubildung. Die Wahlen, die klare Mehrheitsverhältnisse schaffen sollten, haben ihr Ziel verfehlt. Die Regierungsparteien – DDP, katholische Zentrumspartei und die rechtsliberale Deutsche Volkspartei – bleiben in der Minderheit. Die Parteiführer beraten über neue Koalitionsmöglichkeiten. Erst im Januar 1925 bildet der parteilose Hans Luther eine neue Regierung mit den Deutschnationalen.

 Gesellschaft

In Wien protestieren Arbeitslose gegen die Einschränkung ihrer finanziellen Unterstützung, die der Nationalrat am 5. Dezember mit großer Mehrheit beschlossen hatte. Die Demonstranten fordern eine 20%ige Erhöhung der Arbeitslosenhilfe und die uneingeschränkte Zahlung.

 Wetter

Etwas milder als gewöhnlich (Durchschnittstemperatur 1,6 °C) ist das Wetter im Dezember 1924. Es bleibt mit 19 mm statt der üblichen 41 mm fast niederschlagsfrei.

1925

Mittwoch 16. Dezember

Politik

Reichsaußenminister Gustav Stresemann (DVP) entgeht nur knapp einem Attentat. Die Berliner Polizei verhaftet zwei Männer, die zugeben, den 47jährigen Politiker wegen dessen sog. Locarno-Politik umbringen zu wollen. Im Oktober hatte das Deutsche Reich im Locarno-Vertrag auf Elsaß-Lothringen sowie Eupen und Malmedy verzichtet. Ziel war die Entspannung des deutsch-französischen Verhältnisses und die Aufnahme des Deutschen Reiches in den Völkerbund. 1926 wird Stresemann mit dem Friedensnobelpreis ausgezeichnet.

Rekorde in den 20er Jahren

Schwimmen: J. Weissmuller (USA) – 58,6 sec/ 100 m Freistil (1922)
10 000 m: P. Nurmi (FIN) – 30:06,1 min (1924)
1500 m: O. Peltzer (GER) – 3:51,0 min (1926)
Kugelstoßen: Emil Hirschfeld (GER) – 16,04 m (1928)

Gesellschaft

Die Beamten haben allen Grund zur Freude. Heute beschließt der Reichsrat in Berlin, den unteren Besoldungsgruppen Weihnachtsgeld zu zahlen.

Wetter

Häufige Niederschläge bestimmen den Dezember 1925. Während der langjährige Mittelwert für den Monat bei 41 mm liegt, fallen in diesem Dezember 68 mm Niederschläge.

1926

Donnerstag 16. Dezember

Tiefe Taille und schmale Silhouette: Mode im Zeichen des Art déco

Politik

Erstmals seit seiner Machtübernahme im Mai erscheint der polnische Ministerpräsident Jósef Klemens Pilsudski persönlich vor der Abgeordnetekammer, wo er die hohen Militärausgaben begründet, die rund ein Drittel des gesamten Haushaltsetats ausmachen. Er erklärt, Polen brauche eine starke Armee, weil kein Staat seine Grenzen garantiere. Er spielt damit auf den 1925 geschlossenen Locarno-Vertrag an, in dem das Deutsche Reich die Grenzen seiner westlichen Nachbarländer garantierte. Eine Garantie der Grenze zu Polen verweigert die deutsche Reichsregierung hingegen aufgrund ihrer revisionistischen Ansprüche. Um die Sicherheitsbedürfnisse der Polen zu befriedigen, schließt Frankreich mit der Regierung in Warschau einen Beistandspakt.

Wetter

Recht mild präsentiert sich der Dezember 1926. Die Temperaturen bewegen sich um 1,8 °C, während der langjährige Durchschnittswert für Dezember bei 0,7 °C liegt. Die milde Witterung wird von häufigen Niederschlägen begleitet.

1927

Freitag 16. Dezember

Politik

Der österreichische Nationalrat stimmt über eine erneute Erhöhung der Beamtengehälter ab. Mit 82 gegen 65 Stimmen wird die Regierungsvorlage angenommen. Erst 1925 war für die unteren Besoldungsgruppen die Zahlung von Weihnachtsgeld eingeführt worden.

Kultur

Eine Ausstellung der besonderen Art öffnet heute in Berlin ihre Tore. Im Märkischen Museum wird Spielzeug vergangener Jahrhunderte gezeigt. Unter den zahlreichen Besuchern, die die Ausstellung in den kommenden Wochen besuchen, sind natürlich besonders viele Kinder. Gezeigt werden u.a. Puppenhäuser aus dem 16. Jahrhundert aus dem Raum Nürnberg, Ulm, Augsburg, Puppen verschiedener Jahrhunderte und »militärische Ausrüstungen« für Jungen

Wetter

Tiefsttemperaturen unter −3 °C zeigt das Thermometer im Dezember 1927 an. Ein klirrend kalter Winter steht bevor.

Vornehm und doch lässig: Burberry aus imprägniertem Baumwollstoff

1928

Sonntag 16. Dezember

 Politik

Der unerbittliche Machtkampf zwischen Parteichef Josef W. Stalin und dem oppositionellen Revolutionär Leo D. Trotzki spitzt sich zu. Stalin droht seinem Widersacher mit der Ausweisung aus der Sowjetunion, wenn er nicht aufhört, gegen ihn zu agitieren. Seit dem Tod des ersten sowjetischen Regierungschefs Wladimir I. Lenin 1924 versucht Stalin, Leo D. Trotzki mundtot zu machen. Anfang 1925 hatte er ihn zum Rücktritt als Volkskommissar für Verteidigung gezwungen, Anfang 1928 war er in die Verbannung geschickt worden. 1929 ausgewiesen, lebt Trotzki im Exil, wo ihn 1940 – in Mexiko – ein gedungener Mörder mit einem Eispickel erschlägt.

 Kultur

»**Schwanda, der Dudelsackpfeifer**«, eine Oper des tschechoslowakischen Komponisten Jaromir Weinberger, wird in Breslau uraufgeführt. Das begeisterte Publikum kürt das Werk zum Höhepunkt der Opernsaison.

 Wetter

Mit durchschnittlich –0,6 °C kündigt sich im Dezember 1928 ein milderer Winter an als im Vorjahr. Aber die Temperaturen liegen immer noch unter dem langjährigen Mittelwert von 0,7 °C.

1929

Montag 16. Dezember

Gesellschaft

Eugenio Pacelli, der frühere päpstliche Nuntius in Berlin, wird in Rom von Papst Pius XI. zum Kardinal ernannt. Er amtierte seit 1917 als Titularerzbischof in München und als Nuntius in Berlin und war vom Vatikan mit der Friedensvermittlung bei der deutschen Reichsregierung betraut worden. Am 9. Dezember hatte ihm Reichspräsident Paul von Hindenburg in einer feierlichen Abschiedsrede für sein Engagement gedankt.

Kultur

Der erste große deutsche Ton-Unterhaltungsfilm wird im Berliner Ufa-Palst am Zoo uraufgeführt und mit ihm wird ein Star des deutschen Films geboren. Willy Fritsch spielt neben Dita Parlo die Hauptrolle in dem Operettenfilm »Melodie des Herzens« von Hanns Schwarz. Die Kinos erleben einen unglaublichen Publikumsandrang. Schon einige Tage später läuft mit »Die Nacht gehört uns« der zweite Tonfilm in Berlin an.

Wetter

Zum ersten Mal seit Jahren klettert die Durchschnittstemperatur im Dezember 1929 über 3 °C. Das milde Wetter wird von reichlichen Niederschlägen begleitet.

1930-1939

Highlights des Jahrzehnts

1930
- Mahatma Gandhi startet Salzmarsch
- Marlene Dietrich avanciert im »Blauen Engel« zum Weltstar
- Uruguay wird erster Fußballweltmeister
- Max Schmeling durch Disqualifikationssieg Boxweltmeister im Schwergewicht

1931
- Spanien wird Republik
- Vorführung des Ganzmetallflugzeugs »Ju 52« (»Tante Ju«)
- Empire State Building höchstes Gebäude der Welt
- Mafia-Boß Al Capone hinter Gittern

1932
- Staatsstreich in Preußen
- Wahlsieg der NSDAP
- Chaco-Krieg zwischen Bolivien und Uruguay
- Proklamation des Staates Saudi-Arabien

1933
- Adolf Hitler zum Reichskanzler ernannt
- Reichstagsbrand in Berlin
- Ermächtigungsgesetz in Kraft
- Deutsche Studenten verbrennen »undeutsche« Literatur

1934
- Nationalsozialistischer Volksgerichtshof gegründet
- »Röhm-Putsch« niedergeschlagen
- Mord am Bundeskanzler Dollfuß – Ende der 1. Republik Österreich
- Maos Kommunisten auf dem »Langen Marsch«

1935
- Judenverfolgung mit sog. Nürnberger Gesetzen
- Italien marschiert in Äthiopien ein
- Porsche baut Prototyp für VW »Käfer«
- Deutsch-britisches Flottenabkommen

1936
- Beginn des Spanischen Bürgerkriegs
- Volksfrontregierung in Frankreich
- Ausstellung »Entartete Kunst«
- XI. Olympische Spiele in Berlin zur NS-Propaganda genutzt
- Margaret Mitchell veröffentlicht »Vom Winde verweht«
- Schauprozesse in der UdSSR

1937
- Krieg zwischen Japan und China
- Georg VI. in London gekrönt
- Zeppelin LZ »Hindenburg« explodiert in Lakehurst
- Niederländische Kronprinzessin Juliana heiratet Prinz Bernhard

1938
- »Anschluß« Österreichs ans Deutsche Reich
- Münchner Abkommen soll Hitler bezähmen
- Terror gegen Juden in der »Reichskristallnacht«
- Otto Hahn gelingt erste Atomspaltung

1939
- Deutsche Truppen marschieren in Prag ein
- Hitler-Stalin-Pakt
- Beginn des Zweiten Weltkrieges

◀ **Ginger Rogers und Fred Astaire tanzen sich 1933–1939 durch neun Filme**

1930

Dienstag 16. Dezember

 Politik

Guatemala hat einen neuen Präsidenten. Manuel Mariá Orellana übernimmt die Regierungsgeschäfte, nachdem der bisher amtierende Bautillo Palma durch einen Staatsstreich gestürzt worden war. In tagelangen Straßenkämpfen hatte das Militär die Macht gewaltsam an sich gerissen.

 Kultur

Die musikalische Ehekomödie »Ehebrecher« von Hanns Schwarz kommt in Berlin in die Kinos. Hauptrollen spielen die neuen Stars des Tonfilms: Willy Fritsch, der 28jährige Heinz Rühmann und Lilian Harvey. Während sich die Kritik mit ihrem Lob eher zurückhält, kommt die »leicht verdauliche« Komödie beim Publikum gut an.

Preise in den 30er Jahren

1 kg Butter	2,96
1 kg Mehl	0,47
1 kg Fleisch	1,60
1 l Vollmilch	0,23
1 Ei	0,10
10 kg Kartoffeln	0,90
1 kg Kaffee	5,33
Stundenlohn	0,78

in RM, Stand 1934

 Wetter

Trockenheit und niedrigere Temperaturen kennzeichnen den Dezember 1930. Bei durchschnittlich 0,6 °C, was ungefähr dem langjährigen Mittelwert entspricht, fallen nur 13 mm Niederschläge, während gewöhnlich 41 mm zu erwarten sind.

1931

Mittwoch 16. Dezember

Politik

Die »Eiserne Front« tritt zum Kampf gegen die Rechten an. In Berlin proklamieren Gewerkschaften, Vertreter des sog. Arbeitersports, des Reichsbanners Schwarz-Rot-Gold und der SPD den Bund mit dem martialischen Namen zur »Abwendung der faschistischen Gefahr«. Sie wenden sich gegen die im Oktober gegründete Harzburger Front aus rechtsoppositionellen Gruppen, wie Stahlhelm, Hugenbergs DNVP, Vaterländischer Partei und Hitlers NSDAP, die die Beseitigung der Weimarer Republik fordern.

Gesellschaft

Der Antisemitismus im Deutschen Reich nimmt zu. Der Oberpräsident der preußischen Provinz Hannover, Gustav Noske (SPD), weist die Regierungspräsidenten unter Hinweis auf zahlreiche antijüdische Vorfälle in Lüneburg und Göttingen an, gegen Angriffe auf Juden und ihre Institutionen unerbittlich vorzugehen.

Wetter

Recht durchschnittlich ist der Dezember in diesem Jahr. Die Temperaturen bewegen sich um 1,1 °C. Der langjährige Mittelwert für den Monat liegt mit 0,7 °C nur etwas niedriger.

1932

Freitag **16.** *Dezember*

 Politik

Die Kommunistische Partei der Sowjetunion (KPdSU) verhängt eine Aufnahmesperre und führt die sog. Gesinnungsprüfung ein. Damit wird der Parteiapparat von tatsächlichen und vermeintlichen Oppositionellen »befreit«. Bereits im Oktober hatte Parteichef Josef W. Stalin Verhaftungen von unliebsamen Mitgliedern der Partei angeordnet, denen die Bildung »konterrevolutionärer Gruppen« vorgeworfen wurde. Die innerparteilichen Spannungen wachsen proportional zu den Problemen der Staatsführung. Eine schwere Wirtschaftskrise sorgt seit Monaten für Unruhe.

 Politik

Die Reichsregierung in Berlin stellt 140 000 Hektar Land für das sog. Siedlungsprogramm zur Verfügung. Verarmte Bauern und Arbeitslose sollen in Ostpreußen, Pommern und Mecklenburg angesiedelt werden. Durch die Weltwirtschaftskrise sind sechs Millionen Deutsche arbeitslos.

 Wetter

Erheblich weniger Niederschlag als in den Vorjahren fällt im Dezember 1932. Der langjährige Mittelwert liegt bei 41 mm. In diesem Jahr geben die Wolken aber nur 8 mm ab.

1933

Samstag 16. Dezember

Politik

Spanien hat eine neue Regierung. Der Führer der gemäßigt-linken Radikal-Republikanischen Partei, Alejandro Lerroux y García, bildet eine Minderheitsregierung, da keine Einigung mit den Sozialisten erzielt werden konnte. Die beiden Parteien hatten sich angesichts der Diskussionen über notwendige Reformen zerstritten. Besonders die Rechten profitieren von dem Zwist. Sie sind die eigentlichen Gewinner der Wahlen. Spanien ist seit 1931 Republik, aber die Gesellschaft ist gespalten. 1936 beginnt der Bürgerkrieg.

Rekorde in den 30er Jahren

200 m: J. Carlton (AUS) – 20,6 sec (1932)
Weitsprung: Jesse Owens (USA) – 8,13 m (1935)
Weitsprung: Erika Junghans (GER) – 6,07 m (1939)
400 m: Rudolf Harbig (GER) – 46,0 sec (1939)

Gesellschaft

Deutsche Studenten sehen harten Zeiten entgegen. Der NS-Arbeitsdienst gibt bekannt, daß jeder Student im Frühjahr einen zehnwöchigen Arbeitsdienst abzuleisten hat.

Wetter

Frostige Kälte beschert der Dezember 1933. Mit Temperaturen um –3,3 °C kündigt sich ein harter Winter an. Für eine weiße Weihnacht reichen die minimalen Niederschläge jedoch nicht.

1934

Sonntag **16.** *Dezember*

 Politik

Der erste Faschistische Weltkongreß beginnt in Montreux am Genfer See. Aus 16 europäischen Ländern sind Vertreter faschistischer Parteien angereist. Deutsche Abgeordnete sind nicht eingeladen worden. Zur Begründung heißt es, es handele sich um ein Treffen solcher Gruppen, in deren Staaten »das faschistische System noch nicht zur Herrschaft gelangt ist«. Zweck des Kongresses ist eine Aussprache über internationale Berührungspunkte und eine Organisation auf internationaler Grundlage. In Europa haben sich nach dem Ersten Weltkrieg relativ starke faschistische Gruppierungen gebildet, die gerade durch die Weltwirtschaftskrise noch erheblich Zulauf erhielten.

 Politik

Die autoritäre Staatsführung in Portugal kann sich weiter festigen. Die Wahlen zum Nationalrat geraten zur Farce. Alle 90 Kandidaten der Einheitsliste werden mit Mehrheit gewählt.

 Wetter

Fast frühlingshafte Temperaturen beherrschen 1934 zum ersten Mal seit Jahren den Dezember. Das Thermometer zeigt Werte um 4,4 °C. Es fallen weniger Niederschläge als in den Vorjahren.

1935

Montag 16. Dezember

Politik

Voller Entrüstung lehnt der abessinische Kaiser Haile Selassie I. den Laval-Hoare-Friedensplan für Ostafrika mit der Begründung ab, er belohne den Angreifer Italien. Italienische Truppen waren im Oktober in das ostafrikanische Kaiserreich einmarschiert. Obwohl der Völkerbund die Offensive verurteilt hat, legten Frankreich und Großbritannien den äußerst nachsichtigen Friedensplan vor. 1936 annektiert der italienische »Duce« Mussolini das Kaiserreich. Die internationale Völkergemeinschaft hat völlig versagt.

Stars der 30er Jahre

Louis Armstrong
Trompeter
Marlene Dietrich
Filmschauspielerin
Greta Garbo
Filmschauspielerin
Fred Astaire
Tänzer/Schauspieler
Sonja Henie
Eiskunstläuferin

Kultur

»Liebeslied« ist der vielversprechende Titel eines musikalischen Lustspiels, das heute in Hamburg seine Premiere feiert. Carola Höhn, Rudolf Platte und Paul Hörbiger spielen die Hauptrollen.

Wetter

Feucht und kühl ist der Dezember 1935. Die Durchschnittstemperatur liegt bei 0,8 °C. Häufig vertreiben dicke Wolken die Sonne.

1936

Mittwoch 16. Dezember

 Gesellschaft

Die Gefangenen des im Juli ausgebrochenen Spanischen Bürgerkriegs werden zwischen den republikanischen und nationalspanischen Truppen ausgetauscht. Das Internationale Rote Kreuz (IRK) hatte sich um diese Vereinbarung bemüht. Erst 1939 ist der Bürgerkrieg zu Ende – Beginn der Franco-Diktatur.

Der französische Schriftsteller Maxence van der Meersch erreicht den Höhepunkt seiner Karriere. Er wird in Paris mit dem begehrten Prix Goncourt für seine naturalistischen Romane ausgezeichnet.

 Gesellschaft

Der Friedensnobelpreisträger Carl von Ossietzky bleibt weiterhin in Haft. Der preußische Ministerpräsident Hermann Göring teilt mit, daß dem Pazifisten und Herausgeber der »Weltbühne« auch in Zukunft die Ausreise verweigert werde. Ossietzky ist seit Anfang 1933 in einem Konzentrationslager inhaftiert. Auch die Verleihung des Friedensnobelpreises 1935 nutzte ihm nichts: 1938 stirbt er an den Haftfolgen.

 Wetter

Ein relativ milder Winter kündigt sich mit einer Durchschnittstemperatur von 1,9 °C im Dezember 1936 an. Das langjährige Mittel für den Monat liegt mit 0,7 °C um einiges tiefer.

Donnerstag 16. Dezember 1937

Sport

Der niederländische Schachspieler Machgielis Euwe gewinnt in Rotterdam die letzte Partie im Kampf um die Schachweltmeisterschaft gegen den Russen Alexandr A. Aljochin. Dennoch ist Aljochin mit 17,5 : 12,5 Punkten Gesamtsieger des Duells und zum vierten Mal nach 1927, 1929 und 1934 Schachweltmeister.

Kultur

Der mit Spannung erwartete Spielfilm »Gasparone« von Georg Jacoby hat heute in Düsseldorf Premiere. Über das aufwendige aber erfolgssichere Unternehmen, die Verfilmung einer bekannten Operette, hatten Filmkritiker schon im Vorfeld berichtet. Die Hauptdarsteller Marika Rökk und Johannes Heesters verhelfen dem Film schnell zu großer Popularität. Maßgeblichen Anteil daran hat aber auch Peter Kreuder, der die musikalische Bearbeitung der Partitur von Karl Millöcker übernahm.

Wetter

Mit frostigen Temperaturen um −0,6 °C (langjähriger Mittelwert 0,7 °C) und gelegentlichen Niederschlägen, die zumeist als Schnee fallen, präsentiert sich der Dezember 1937.

1938

Freitag 16. Dezember

 Gesellschaft

Ein Orden für »Gebärfreudigkeit« wird von der deutschen Reichsregierung erfunden. »Als sichtbares Zeichen des Dankes des Deutschen Volkes an kinderreiche Mütter« stiftet Adolf Hitler das sog. Mutterkreuz. Frauen, die vier gesunde Kinder zur Welt bringen, erhalten den Orden erster Stufe. Erst bei acht Kindern wird der Orden in der vergoldeten Version verliehen.

Figurbetonte Eleganz in den 30er Jahren: Kostüm aus Wollstoff mit Lederpaspeln

 Politik

Der Ingenier Fritz Todt, bisher Generalinspekteur für das deutsche Straßenwesen, wird Generalbevollmächtigter für die Regelung der Bauwirtschaft. Todt erhält 1938 den Auftrag zum Bau des Westwalls. Dafür gründet er die technische Spezialtruppe Organisation Todt.

 Wetter

Unangenehm kalt mit häufigen Niederschlägen zeigt sich der Dezember 1938. Die Durchschnittstemperatur sinkt auf –1,5 °C und liegt damit weit unter dem langjährigen Mittelwert von 0,7 °C.

1939

Samstag 16. Dezember

Politik

Im deutsch besetzten Polen fällt der Startschuß für eines der größten Kunstraubunternehmen der Geschichte. Generalgouverneur Hans Frank weist die SS an, den polnischen Kunstbesitz zu erfassen. Sämtliche wertvollen Kunst- und Kulturgüter werden aus Schlössern, Museen, Kirchen und Privatsammlungen ins Deutsche Reich transportiert. Besonderes Interesse erregen der von Veit Stoß im 15. Jahrhundert in der Krakauer Marienkirche geschaffene Hochaltar und die Inneneinrichtung des Warschauer Schlosses.

Kultur

In Krakau gastieren die Wiener Philharmoniker, die nach dem Überfall auf Polen mit dem Konzert die »Wiedereröffnung des deutschen Kulturlebens« demonstrieren sollen.

Wetter

Wie im Vorjahr beginnt der Winter mit relativ frostigen Temperaturen. Im Dezember 1939 sinkt das Thermometer auf einen Durchschnittswert von –1,3 °C. Die Niederschläge fallen überwiegend als Schnee.

Der Herr liebt es eher klassisch: Sommersakko aus hellem Fischgrät

1940-1949

Highlights des Jahrzehnts

1940
- Deutscher Luftkrieg gegen Großbritannien
- Beginn der Westoffensive
- Winston Churchill neuer britischer Premierminister

1941
- Schottlandflug von Rudolf Heß
- Deutscher Überfall auf die Sowjetunion
- Japan greift Pearl Harbor an – Kriegseintritt der USA
- »Citizen Kane« von Orson Welles in den Kinos

1942
- Wannsee-Konferenz beschließt Judenvernichtung
- 6. Armee in Stalingrad eingeschlossen
- Beginn alliierter Luftangriffe auf deutsche Städte
- »Casablanca« mit Ingrid Bergman und Humphrey Bogart uraufgeführt

1943
- Goebbels propagiert den »totalen Krieg«
- Ende der Widerstandsgruppe »Weiße Rose«
- Aufstand im Warschauer Ghetto scheitert

1944
- Alliierte landen in der Normandie
- Stauffenberg-Attentat auf Hitler scheitert
- Charles de Gaulle wird Staatschef Frankreichs
- US-Präsident Franklin D. Roosevelt zum dritten Mal wiedergewählt

1945
- KZ Auschwitz befreit
- Bedingungslose Kapitulation Deutschlands
- Vereinte Nationen gegründet
- Beginn der Potsdamer Konferenz
- US-Atombomben zerstören Hiroshima und Nagasaki

1946
- Gründung der SED
- Nürnberger NS-Prozesse
- US-Atombombentests im Südpazifik
- Hilfe durch Care-Pakete aus den USA
- Französischer Kolonialkrieg in Vietnam

1947
- Marshallplan-Hilfe für Europa
- Indien feiert Unabhängigkeit von Großbritannien
- GATT regelt den Welthandel
- Thor Heyerdahls »Kon-Tiki«-Expedition erfolgreich

1948
- Mahatma Gandhi ermordet
- UdSSR verhängt Berlin-Blockade
- Währungsreform in Ost und West
- Staatsgründung Israels
- Korea gespalten
- Menschenrechtsdeklaration der UN

1949
- Gründung der NATO
- Grundgesetz für die Bundesrepublik Deutschland verkündet
- Konrad Adenauer erster Bundeskanzler, Theodor Heuss erster Bundespräsident
- Proklamation der Deutschen Demokratischen Republik

◀ **Glenn Miller (vorne, mit Band), der ungekrönte König des Swing**

1940

Montag 16. Dezember

 Sport

Zum zwölften Mal wird der US-Amerikaner Joe Louis Boxweltmeister im Schwergewicht. Der Champion läßt seinem Gegner Al McCoy keine Chance. Schon in der ersten Runde geht der Herausforderer für einige Minuten zu Boden. Als er zur sechsten Runde nicht mehr antritt, wird Louis zum Weltmeister erklärt.

 Politik

Adolf Hitler ordnet an, daß nicht »reinrassige Arier« wegen Tapferkeit vor dem Feind für »deutschblütig« erklärt werden können. Hitler und seine Chefideologen propagieren seit 1933 eine fanatische Rasselehre, nach der das sog. Herrenmenschentum der Arier durch Ausgrenzung aller anderen Rassen erhalten bleiben soll.

Rekorde in den 40er Jahren

5000 m: G. Hägg (SWE) – 13:58,2 min (1942)
Hochsprung: Fanny Blankers-Koen (HOL) – 1,71 m (1943)
Marathon: Suh Yun Bok (KOR) – 2:25:39 h (1947)
Speerwerfen: Natalia Smirnizkaja (URS) – 53,41 m (1949)

 Wetter

Unangenehm kalt ist das Wetter im Dezember 1940. Es läßt einen weiteren harten Kriegswinter befürchten. Die Durchschnittstemperatur liegt bei –2,2 °C. Häufige Niederschläge sorgen für reichlich Schnee.

1941

Dienstag 16. Dezember

Politik

Die deutschen Truppen an der Ostfront werden von Adolf Hitler zu »fanatischem Widerstand« aufgefordert. Auf keinen Fall, so Hitler, sei ihnen ein Zurückweichen an der Frontlinie erlaubt. Im Juni hatte der Überfall des deutschen Heeres auf die Sowjetunion begonnen. Bis Oktober gelang ihnen ein rascher Vormarsch, der aber – bedingt durch die Schlechtwetterperiode – am Ende des Monats vor Moskau zum Stillstand kam. Die sowjetische Gegenoffensive stellt die Wende im Weltkrieg zuungunsten der Deutschen dar. Sie müssen sich auf ganzer Front zurückziehen.

Kultur

»Quax der Bruchpilot« hat in Hamburg Premiere. Die Komödie mit Heinz Rühmann wird zu einem der größten Erfolge deutscher Kinogeschichte. Rühmann spielt einen kleinen Büroangestellten, der seinen großen Durchbruch als Sportflieger erlebt.

Wetter

Nach Jahren liegen die Temperaturen im Dezember 1941 mit durchschnittlich 2,0 °C wieder über dem langjährigen Mittel (0,7 °C). Die anhaltenden Niederschläge sorgen aber trotz der milden Temperaturen für eine unangenehme Witterung.

1942

Mittwoch 16. Dezember

Stars der 40er Jahre

Humphrey Bogart
Filmschauspieler
John Wayne
Filmschauspieler
Katharine Hepburn
Filmschauspielerin
Hans Albers
Filmschauspieler
Joe Louis
Boxer

 Politik

In Madrid treffen deutsche Regierungsvertreter ein, um mit der spanischen Führung ein Abkommen über den bilateralen Warenverkehr zu vereinbaren. Seit dem Spanischen Bürgerkrieg, in dem das Deutsche Reich die nationalspanischen Truppen unterstützt hatte, bestehen gute Beziehungen zwischen dem Franco-Regime und der deutschen NS-Führung.

 Gesellschaft

Die italienische Presse informiert über eine aufsehenerregende Verordnung des Erziehungsministeriums: Sämtliche Mittelschulen bleiben von Ende Dezember bis Mitte Februar geschlossen. Der Unterricht fällt wegen des akuten Brennstoffmangels aus. Allerdings soll der Lehrstoff in dieser Zeit über Rundfunk vermittelt werden.

 Wetter

Strahlender Sonnenschein bringt im Dezember 1942 milde Temperaturen um 2,9 °C. Es werden nur 27 mm Niederschläge gemessen; der langjährige Mittelwert für Dezember liegt bei 41 mm.

1943

Donnerstag 16. Dezember

Politik

Der Angriff der US-amerikanischen 5. Armee in Süditalien treibt die deutschen Truppen in die Flucht. Im Juni waren britische und US-amerikanische Einheiten an der Südspitze Siziliens gelandet. Im Oktober gab Italien seine Rolle als Bündnispartner des NS-Regimes auf und erklärte dem Deutschen Reich den Krieg.

Gesellschaft

Die Kriminalpolizei im Deutschen Reich wird von der NS-Regierung angewiesen, Bagatelldelikte nicht mehr zu bearbeiten.

Politik

Die britische Presse berichtet über eine schwere Erkrankung von Premierminister Winston Churchill. Täglich erscheinen Gesundheitsbulletins über den Zustand des 69jährigen. Es ist kein Staatsmann in Sicht, der Churchill ersetzen könnte. Ende des Monats bessert sich sein Zustand.

Wetter

Kälter und trockener als gewöhnlich ist der Dezember 1943. Bei Temperaturen um den Gefrierpunkt fallen wenig Niederschläge (24 mm).

1944

Samstag 16. Dezember

 Politik

Die Ardennenoffensive, der letzte Versuch deutscher Truppen, den Ring der Alliierten im Westen zu durchbrechen, beginnt. Es gelingt jedoch weder die Eroberung des Nachschubhafens Antwerpen noch die Einkesselung der US-Amerikaner und Briten, deren militärische Überlegenheit die Offensive von Anfang an sinnlos machte.

 Gesellschaft

Der bekannte Posaunist und Bandleader Glenn Miller kommt bei einem Flugzeugabsturz über dem Ärmelkanal ums Leben. Miller, dessen Kompositionen weltberühmt geworden sind, leitete seit 1942 eine Big Band der US-Luftwaffe und war unterwegs zu einem Rundfunk-Konzert in Paris.

> Das Pariser Nachtleben wird ein Opfer des Krieges. Clubs und Tanzlokale der im August von der deutschen Besatzung befreiten Stadt bleiben bis auf weiteres geschlossen. Sie öffnen erst nach Kriegsende wieder.

 Wetter

Trotz vieler Sonnentage und geringer Niederschläge bleiben die Temperaturen im Dezember 1944 zu niedrig für die Jahreszeit. Das Thermometer erreicht Werte um –1,8 °C, während das langjährige Mittel für Dezember bei 0,7 °C liegt.

1945

Sonntag 16. Dezember

Politik

Die US-amerikanische Militärregierung in Frankfurt am Main ordnet in ihrer Zone die sofortige Dezentralisierung des Bankenwesens an. Mit Beginn der Besatzungsherrschaft werden alle zentralen deutschen Einrichtungen, von denen es durch die NS-Gleichschaltung viele gibt, aufgelöst, um die Wiedererrichtung des deutschen Staatswesens nach nationalsozialistischem Muster zu verhindern. Erst allmählich lassen die Militärbehörden wieder überregionale Institutionen zu.

Gesellschaft

Eine vorläufige Volkszählung der Allierten geht zu Ende. In seiner Veröffentlichung gibt der alliierte Koordinationsausschuß in Berlin die Gesamtzahl der deutschen Einwohner mit 65 285 915 an. Davon entfallen auf die US-amerikanische Zone 17 156 000, auf die britische 22 043 801 Menschen, auf die französische 6 392 497 und auf die sowjetisch besetzte Zone 19 693 617.

Wetter

Mit einem relativ milden Dezember geht das Jahr 1945 zu Ende. Die Temperaturen ergeben einen Durchschnitt von 1,4 °C. Damit ist es wärmer als in den vergangenen Jahren.

1946

Montag 16. Dezember

 Politik

In Stuttgart, der Landeshauptstadt von Württemberg-Baden, wählt der Landtag eine Regierung unter der Führung von Reinhold Maier (Deutsche Volkspartei). Ende November hatten die Behörden in der US-amerikanischen Besatzungszone Landtagswahlen durchgeführt.

Preise in den 40er Jahren

1 kg Butter	3,50
1 kg Mehl	0,45
1 kg Fleisch	1,60
1 l Vollmilch	0,26
1 Ei	0,12
10 kg Kartoffeln	1,00
1 kg Zucker	0,76
Stundenlohn	0,81

in RM, Stand 1943

 Gesellschaft

Die neue Zeitschrift »Hör zu« geht weg wie warme Semmeln. Einen Tag nach ihrer »Premiere« teilt der Hamburger Herausgeber Axel C. Springer mit, daß die Verkaufszahlen alle Erwartungen übersteigen. Die erste Nummer der Rundfunkprogrammzeitschrift war in einer Auflage von 250 000 Exemplaren gedruckt worden.

 Wetter

Bei häufig klarem Himmel ist der Dezember 1946 unangenehm kalt. Die Durchschnittstemperatur liegt bei –2,2 °C – weit unter den Vorjahreswerten. Mangels Wolken sind so gut wie keine Niederschläge zu verzeichnen.

1947

Dienstag 16. Dezember

Politik

Die Gründung eines deutschen Staates bahnt sich an. In London besprechen US-Außenminister George C. Marshall und sein Amtskollege Georges Bidault die Möglichkeit der Angliederung der französischen Besatzungszone an die sog. Bizone, den seit Anfang 1947 bestehenden Zusammenschluß der britischen und US-amerikanischen Zonen. Bidault bleibt zunächst skeptisch, 1948 stimmt Frankreich jedoch der Gründung einer sog. Trizone zu. Sie umfaßt bereits das Gebiet der Bundesrepublik Deutschland, die 1949 gegründet wird. Fast gleichzeitig entsteht aus der sowjetischen Besatzungszone die Deutsche Demokratische Republik.

Politik

In Sofia wird ein auf 20 Jahre befristeter Freundschafts- und Beistandspakt zwischen Bulgarien und Albanien abgeschlossen. In beiden Staaten konnten sich 1946 kommunistisch dominierte Regierungen etablieren.

Wetter

Wesentlich milder als im vergangenen Jahr beginnt 1947 der Winter. Im Dezember erreichen die Temperaturen im Durchschnitt 1,8 °C und bleiben damit über dem langjährigen Mittelwert (0,7 °C).

Donnerstag 16. Dezember

Politik

Deutsche Industrieanlagen werden auch weiterhin demontiert und als Reparationsleistungen nach Frankreich und Großbritannien geliefert. Nach einer Besprechung der Westalliierten über die Demontage in Deutschland lehnen sowohl Frankreich als auch Großbritannien den US-amerikanischen Vorschlag einer Beschränkung der Forderungen ab. Frankreich fürchtet ein Wiedererstarken der deutschen Rüstungsindustrie, Großbritannien sieht in Deutschland einen wirtschaftlichen Konkurenten. Ostdeutschland hat noch mehr als der Westen unter den sowjetischen Demontagen zu leiden.

Politik

Das Extravagante an diesem Sommerkleid: der mit Tapeziernägeln besetzte Gürtel

Der kalte Krieg nimmt groteske Formen an. Der französische Stadtkommandant in Berlin läßt in dem von Frankreich verwalteten Sektor zwei Sendetürme des Ostberliner Rundfunks sprengen.

Wetter

Vergleichsweise mild kündigt sich der Winter 1948 an. Die Temperaturen im Dezember erreichen durchschnittlich 1,6 °C.

1949

Freitag 16. Dezember

Politik

Ein Skandal erschüttert die gerade erst ins Leben gerufene Bundesrepublik. Ein Bundestagsabgeordneter der Deutschen Partei (DP) sorgt für Aufruhr und Entsetzen, als er öffentlich antisemitische Parolen verbreitet. Der Bundestag hebt sofort die Immunität des Abgeordneten auf.

Politik

Die BRD erhält im Rahmen des Marshallplans 1,036 Mrd. DM für Investitionen in Industrie und Energiewirtschaft. Das US-amerikanische Hilfsprogramm war im Juni 1947 beschlossen worden und soll den westeuropäischen Staaten den Wiederaufbau erleichtern.

Das Modemagazin »Esquire« stellt diese Abendmode für den Herrn vor

Wetter

Mit Höchsttemperaturen präsentiert sich der Dezember 1949. Im Durchschnitt herrschen frühlingshafte 3,6 °C. Das sind immerhin knapp drei Grad mehr, als das Thermometer im langjährigen Monatsdurchschnitt aufzuweisen hat. Dafür fällt der Niederschlag zumeist als Regen.

1950–1959

Highlights des Jahrzehnts

1950
- Ausbruch des Koreakrieges
- Abschaffung der Lebensmittelmarken in Deutschland

1951
- Debatte um die Wiederaufrüstung Deutschlands
- Skandal um Hildegard Knef als »Sünderin«
- Erster Schritt zur europäischen Einigung: Montanunion perfekt
- Der persische Schah Mohammed Resa Pahlewi heiratet Soraya

1952
- Start des Fernsehens in Deutschland
- Helgoland wieder unter deutscher Verwaltung
- Staatsstreich in Ägypten
- DDR riegelt Grenze ab
- Dwight D. Eisenhower wird US-Präsident
- USA zünden Wasserstoffbombe
- Elisabeth II. wird Königin von Großbritannien und Nordirland

1953
- Tod des sowjetischen Diktators Josef Stalin
- Volksaufstand in der DDR
- Mount Everest: Höchster Berg der Welt bezwungen

1954
- Französische Niederlage in Vietnam
- Deutschland wird in Bern Fußballweltmeister
- Beginn des Algerienkrieges
- Mit »That's alright Mama« beginnt der Aufstieg von Elvis Presley

1955
- Die Bundesrepublik wird ein souveräner Staat
- Gründung des Warschauer Paktes
- Tragischer Tod von James Dean
- Erste »documenta«

1956
- Traumhochzeit von Grace Kelly und Rainier III. von Monaco
- Elvis Presley tritt erstmals im Fernsehen auf
- Volksaufstand in Ungarn
- Suezkrise führt zu Nahostkrieg

1957
- Gründung der EWG
- »Sputnik-Schock« bildet Auftakt zu Wettlauf im All
- Heinz Rühmann als »Hauptmann von Köpenick« gefeiert
- Erste Massenimpfung gegen Kinderlähmung

1958
- De Gaulle und Adenauer begründen deutsch-französische Freundschaft
- Rock-'n-Roll-Fieber grassiert überall
- Pelé – Star der Fußballweltmeisterschaft in Schweden
- Atomium ist Wahrzeichen der Weltausstellung in Brüssel

1959
- Fidel Castro übernimmt die Macht in Kuba
- Hula-Hoop-Welle schwappt aus den USA nach Europa
- Premiere des Marilyn-Monroe-Films »Manche mögens heiß«
- Erste Bilder von der Rückseite des Mondes

◀ Mit 23 schon ein Hollywood-Superstar: Audrey Hepburn mit »Oscar« (1953)

1950

Samstag 16. Dezember

 Politik

In den USA wird der nationale Notstand ausgerufen. Die Maßnahme ist eine Reaktion auf die schweren Rückschläge der US-Truppen, die unter der Flagge der Vereinten Nationen im Koreakrieg kämpfen. Der Krieg hatte im Sommer begonnen, als nordkoreanische Einheiten Südkorea überfielen. Durch das Engagement der USA und der Volksrepublik China erhält der Konflikt weltweite Bedeutung. Der Notstand erlaubt der US-Regierung massive Eingriffe in das Wirtschaftsgefüge und die Ankurbelung der Aufrüstung. Der Krieg endet 1953, ohne daß es zu einer Änderung der territorialen Verhältnisse gekommen ist: Die Halbinsel bleibt am 38. Breitengrad geteilt.

 Kultur

Die dramatisierte Fassung des Romans »Die Verliese des Vatikan« wird in Paris uraufgeführt. Die Romanvorlage stammt von dem berühmten französischen Schriftsteller und Literaturnobelpreisträger (1947) André Gide.

 Wetter

Kälte und geringe Niederschläge beenden das Jahr 1950. Die Temperaturen sinken auf frostige Werte um −1,0 °C.

1951

Sonntag 16. Dezember

Politik

Die Sozialistische Internationale (SI) beendet in Brüssel eine dreitägige Konferenz. Wichtigstes Ergebnis ist eine Resolution, in der die Delegierten jede Verbindung zum dikatorischen spanischen Franco-Regime und zur antikommunistischen Regierung der Republik China unter Chiang Kai-shek ablehnen. Die SI war Ende Juni von Vertetern aus 34 Ländern gegründet worden. Sie versteht sich als internationales Forum sozialdemokratischer und sozialistischer Parteien.

Gesellschaft

Heftige Schneestürme wüten in den USA zwischen den Rocky Mountains und der Ostküste. Die Temperaturen sinken auf Werte unter –29°C. Die Kälteperiode hält wochenlang an und fordert insgesamt über 100 Menschenleben.

Rekorde in den 50er Jahren

Kugelstoßen: Jim Fuchs (USA) – 17,95 m (1950)
10 000 m: Emil Zátopek (TCH) – 28:54,6 min (1954)
800 m: R. Moens (BEL) – 1:45,7 min (1955)
Eisschnelllauf: Eugen Grischin (URS) – 1000 m in 1:22,8 min (1955)

Wetter

Die extrem hohen Temperaturen von 1949 übertrifft der Dezember in diesem Jahr noch. Durchschnittlich 3,7 °C werden im ersten Wintermonat bei strahlendem Sonnenschein gemessen.

1952

Dienstag 16. Dezember

 Politik

Hunderte von DDR-Bewohnern stürmen die Behörden, um Sondergenehmigungen für ihre Reisen zu erhalten. Seit gestern ist es DDR-Bürgern verboten, unangemeldet weiter als 100 km zu verreisen. Diese Maßnahme gilt der »Sozialisierung des Privatlebens«. Tatsächlich soll damit der Massenflucht in die BRD Einhalt geboten werden, die 1961 im Bau der Berliner Mauer und der Abriegelung der Grenzen mündet.

Stars der 50er Jahre

Marilyn Monroe
Filmschauspielerin
James Dean
Filmschauspieler
Elvis Presley
Sänger
Sophia Loren
Filmschauspielerin
Brigitte Bardot
Filmschauspielerin

 Kultur

Der schwedische Film »Eva« von Regisseur Gustav Molander hat in Berlin Premiere. Das Drehbuch schrieb der 34jährige Ingmar Bergman, der sich mit seinen unkonventionellen Filmen in den 50er Jahren einen Namen macht.

 Wetter

Sonnig und trocken, aber kalt ist der Dezember in diesem Jahr. Die Durchschnittstemperatur liegt mit –0,6 °C deutlich unter dem langjährigen Mittelwert von 0,7 °C.

1953

Mittwoch 16. Dezember

Politik

Die Beratungen des Bundesverfassungsgerichts über 34 Verfassungsklagen ehemaliger Beamter des Deutschen Reiches werden abgeschlossen. Die Richter entscheiden, daß sämtliche Beamtenverhältnisse mit der Kapitulation des Deutschen Reiches 1945 erloschen sind. Damit werden alle Klagen auf Wiedereinstellung abgewiesen. Nach Auffassung der Richter haben die Staatsdiener in ihrer Tätigkeit die NS-Diktatur gebilligt und verloren mit deren Zusammenbruch alle Ansprüche auf ihren früheren Beamtenstatus.

Gesellschaft

Der Kinderschutzbund etabliert sich als einflußreiche Organistaion. Einen Monat nach seiner Gründung haben sich die einzelnen Verbände zu einer einheitlichen Bundesorganisation formiert, die sich für die Rechte von Kindern einsetzt. Die Organistaion, die von Fritz Lejeune geleitet wird, richtet sich vor allem gegen Gewalt an Kindern und deren Vernachlässigung.

Wetter

Mild zeigt sich der Dezember 1953. Auch regnet es viel seltener als gewöhnlich. Das Thermometer schwankt um 2,2 °C.

1954

Donnerstag 16. Dezember

  Politik

Mit einer Drohgebärde versucht die sowjetische Führung, das militärische Erstarken der BRD zu verhindern. Sie teilt der französischen Regierung mit, daß sie das sowjetisch-französische Freundschaftsabkommen von 1944 aufkündigen werde, wenn Frankreich das Zustandekommen der Pariser Verträge ermögliche. Diese Verträge zwischen Westalliierten und BRD endeten im Oktober mit einer Einladung an die BRD, dem Nordatlantik-Pakt (NATO) beizutreten. Damit ist u.a. auch die baldige Wiederaufrüstung der BRD verbunden. 1955 wird die Bundesrepublik durch den Beitritt zur NATO stärker in den Westen eingebunden. Dafür erhält die BRD weitreichende Souveränitätsrechte – das Besatzungsstatus wird aufgehoben. Der Osten reagiert mit der Gründung des Warschauer Paktes und auch die DDR wird von der Sowjetunion souverän.

> Die Post meldet: Etwa vier Millionen Pakete und Päckchen mit Weihnachtsgeschenken und Lebensmitteln haben seit Beginn des Monats die deutsch-deutsche Grenze in Richtung Ostdeutschland passiert.

  Wetter

Schon zum dritten Mal seit 1949 präsentiert sich der Dezember sehr mild. Bei durchschnittlich 3,7 °C (langjähriges Mittel 0,7 °C) gerät der Winteranfang 1954 fast in Vergessenheit.

1955

Freitag 16. Dezember

Politik

Der Nahostkonflikt wird auf internationaler Bühne ausgetragen. Die syrische Delegation beim Weltsicherheitsrat der Vereinten Nationen in New York fordert den Ausschluß Israels aus der Weltorganisation wegen »ständiger feindseliger Angriffe« gegen die arabischen Nachbarstaaten. Der Antrag wird von den Delegierten der UN mit großer Mehrheit abgelehnt. Syrien zeigt sich von dieser klaren Entscheidung enttäuscht. Als Reaktion auf die internationale pro-israelische Stimmung orientiert sich Syrien künftig zunehmend an der panarabischen Politik Ägyptens.

Technik

Am Vallugagipfel in Österreich wird nach mehrjähriger Bauzeit eine neue Seilbahn eingeweiht. Sie gilt aufgrund ihrer extremen Länge als technisches Meisterwerk und soll vor allem der Förderung des Skitourismus dienen. Der steckt noch weitgehend in den Kinderschuhen, d.h. er ist noch wie aller Tourismus etwas für Leute, denen es besser geht.

Wetter

Mit 2,0 °C erreicht der Dezember 1955 eine recht angenehme Durchschnittstemperatur, die deutlich über dem langjährigen Mittel liegt (0,7 °C).

1956

Sonntag 16. Dezember

 Politik

Frankreich und Großbritannien geben den vollständigen Rückzug ihrer Truppen aus Ägypten bekannt. Damit endet die Suezkrise. Sie hatte im Juli begonnen, als der ägyptische Staatspräsident Gamal Abd el Nasser die Verstaatlichung des Suezkanals verkündet hatte. Israel, Großbritannien und Frankreich versuchten, Nasser durch militärisches Eingreifen zu stürzen. Ende Oktober hatten israelische Truppen ägyptische Stellungen auf dem Sinai angegriffen. Die Krise schien sich auszuweiten, als die Sowjetunion und China ihre Bereitschaft zur Unterstützung Ägyptens erklärten. Die USA verurteilten das britisch-französische Vorgehen. Im November kam ein Waffenstillstand zustande.

 Politik

Mit Blick auf die überstandene Suezkrise warnt der irakische Ministerpräsident Nuri es Said die Staaten der Arabischen Liga vor einer Annäherung an die Sowjetunion, die danach strebe, ihre Macht auf den Mittleren Osten auzudehnen.

 Wetter

Die Sonne scheint im Dezember 1956 relativ häufig (41 Stunden). Sie erwärmt die Luft auf durchschnittliche 2,3 °C.

1957

Montag 16. Dezember

Technik

Konkurenz belebt das Geschäft. Kurz nachdem in der BRD der erste Forschungsreaktor in Garching bei München in Betrieb genommen worden ist, vermeldet auch die DDR Neuigkeiten auf dem Gebiet der Atomtechnik. In Rossendorf bei Dresden wird ebenfalls ein Reaktor erfolgreich gestartet. Wichtigster Partner für die Entwicklung der Kernforschung ist die Sowjetunion, die auch das notwendige angereicherte Uran in die DDR liefert.

Preise in den 50er Jahren

1 kg Butter	6,75
1 kg Mehl	0,76
1 kg Fleisch	5,01
1 l Vollmilch	0,40
1 Ei	0,23
10 kg Kartoffeln	2,14
1 kg Kaffee	21,40
Stundenlohn	1,96
in DM, Stand 1955	

Gesellschaft

Er ist gerade erst einen Tag alt und schon ein Star. Das Foto von Thomas Seehaus prangt heute in allen Münchener Zeitungen. Mit seiner Geburt wird die bayerische Landeshauptstadt zur dritten Millionenstadt nach Berlin und Hamburg.

Wetter

Kühler als in den Vorjahren ist der Dezember 1957 mit einer mittleren Temperatur von 0,6 °C. Gemessen am langjährigen Mittelwert von 0,7 °C liegen die Temperaturen aber im Normalbereich.

Dienstag 16. Dezember

 Politik

Mao Tse-tung, Staatsoberhaupt der Volksrepublik China, wird nicht wieder für dieses Amt zur Verfügung stehen. Er bleibt aber Parteichef. Diesen Entschluß teilt heute ein Vertreter der Regierung offiziell mit. Mao Tse-tung hatte das Amt des Präsidenten ununterbrochen seit 1949 inne. Auch als Nur-noch-Parteivorsitzender bleibt Mao aber der wichtigste Mann in dem 1949 begründeten Kommunistischen Staat.

Stets korrekt und im Zweifelsfall eher weit geschnitten: Herrenmode in den 50ern

Technik

Die erste vollautomatische Drahtseilbahn wird zum Publikumsmagnet. Die vor einem Monat eröffnete, knapp 1000 m lange Bahn am Luganer See wird täglich von hunderten neugieriger Touristen besucht. Die Kabinen fahren automatisch los, wenn der Fahrgast die entsprechenden Münzen in einen Apparat geworfen hat.

 Wetter

In diesem Jahr wird es nichts mit der weißen Weihnacht. Die Temperaturen im Dezember 1958 liegen bei 2,5 °C – fast zwei Grad höher als normal.

1959

Mittwoch 16. Dezember

Politik

König Baudouin I. von Belgien trifft zu einem Besuch in der Kolonie Belgisch-Kongo ein. Er will sich ein Bild von den Auseinandersetzungen zwischen der afrikanischen Bevölkerung und belgischen Soldaten machen. Anfang des Jahres waren bei Demonstrationen gegen das Versammlungsverbot 42 Kongolesen ums Leben gekommen. König Baudouin hatte daraufhin freie Wahlen und die Entlassung in die Unabhängigkeit zugesagt. 1960 wird der Kongo souverän – und versinkt im Bürgerkrieg.

Gesellschaft

Die Spielbank von Monaco begrüßt ihren neuen Boß. Am Vortag hatte der griechische Großreeder Aristoteles Onassis die Mehrheit der Aktien des auf 120 Mio. DM Stammkapital geschätzten Unternehmens in Monte Carlo erworben.

Wetter

Der Winter beginnt 1959 mit relativ milden Temperaturen. Der Durchschnittswert von 1,5 °C im Dezember läßt die Niederschläge von 39 mm meist als Regen fallen.

Für eine gute Figur auf der Tanzfläche: Kleid aus Chiné-Taft

1960-1969

Highlights des Jahrzehnts

1960
- Gründung der EFTA
- Frankreich wird 4. Atommacht
- John F. Kennedy wird 35. Präsident der USA
- Hochzeit des Jahres: Fabiola und König Baudouin von Belgien

1961
- Erster Mensch im Weltraum: Juri Gagarin
- Bau der Mauer in Berlin
- Gründung von Amnesty International

1962
- Flutkatastrophe an der Nordseeküste und in Hamburg
- Kuba-Krise: USA erzwingt Abbau sowjetischer Raketenbasen
- »Spiegel«-Affäre löst Regierungskrise aus
- Start der erfolgreichsten Serie der Kinogeschichte: James Bond

1963
- Deutsch-Französischer Freundschaftsvertrag
- US-Präsident Kennedy wird in Dallas erschossen
- Marika Kilius und Hans-Jürgen Bäumler werden Weltmeister im Eiskunstlaufen der Paare

1964
- Die USA greifen in den Vietnamkrieg ein
- Revolution in der Damenmode: der Minirock
- Der 22jährige Cassius Clay wird jüngster Boxweltmeister
- UdSSR: Breschnew neuer KP-Chef

- Erfolgreichste Pop-Gruppe der 60er: die Beatles
- Den Rolling Stones gelingt der internationale Durchbruch

1965
- Im Alter von 90 Jahren stirbt in London Winston Churchill
- Erste Fotos vom menschlichen Embryo im Mutterleib
- Ziehung der Lottozahlen erstmals im Fernsehen

1966
- Große Koalition aus CDU/CSU und SPD gebildet
- APO beginnt sich zu formieren

1967
- Sechs-Tage-Krieg in Nahost
- Barnard gelingt die erste Herztransplantation am Menschen
- Kult-Musical »Hair« wird uraufgeführt

1968
- Ermordung des schwarzen Bürgerrechtlers Martin Luther King und des US-Präsidentschaftskandidaten Robert Kennedy
- »Prager Frühling« durch Einmarsch von Warschauer-Pakt-Truppen beendet
- Aufklärungswelle erreicht den Schulunterricht

1969
- Willy Brandt wird Kanzler einer sozialliberalen Koalition
- Der erste Mensch betritt den Mond
- »Sesamstraße« begeistert Millionen von Kindern
- Rockfestival in Woodstock

◀ **US-Astronauten im Gruppenbild: Die 60er sind das Jahrzehnt der Raumfahrt**

1960

Freitag 16. Dezember

 Politik

König Mahendra von Nepal übernimmt persönlich die Regierungsgeschäfte, nachdem er am Vortag die Kabinettsmitglieder entlassen und den Notstand ausgerufen hatte. Damit endet die erst 1959 errichtete Demokratie. Der König wirft der Regierung vor, sie sei nicht in der Lage, Recht und Ordnung aufrechtzuerhalten.

 Kultur

Ein Monumentalfilm erlebt seine Premiere in der BRD. »Spartacus« von Stanley Kubrick wird wie in aller Welt auch in bundesdeutschen Kinos zu einem riesigen Kassenerfolg. Hauptdarsteller sind Kirk Douglas, Laurence Olivier und Tony Curtis. Der aufwendig gedrehte Film erzählt die Geschichte eines Sklavenaufstands im Jahre 74 v. Chr.

Rekorde in den 60er Jahren

Stabhochsprung: Brian Sternberg (USA) – 5,00 m (1963)
Hochsprung: V. Brumel (URS) – 2,28 m (1963)
Weitsprung: Bob Beamon (USA) – 8,90 m (1968)
100 m: Jim Hines (USA) – 9,9 sec (1968)

 Wetter

Zu warm ist der Dezember in diesem Jahr. 40 Stunden Sonnenschein führen dazu, daß die Durchschnittstemperatur 1,6 Grad höher liegt als gewöhnlich. Die 51 mm Niederschläge fallen meist als Regen.

Samstag *16.* Dezember

Gesellschaft

Der Paketstrom aus der BRD in die DDR fließt trotz der verschärften Bestimmungen der DDR-Regierung unvermindert weiter. Wie die zuständigen Stellen in Braunschweig mitteilen, sind die Interzonen-Postzüge Helmstedt–Berlin und Helmstedt–Magdeburg mit täglich mehr als 100 Postwaggons ausgelastet. Im Tagesdurchschnitt werden 250 000 Päckchen und Pakete registriert – meist Lebensmittel und Kleidung für Freunde und Verwandte in der DDR. Mit dem Beginn des Mauerbaus im August hat die SED-Führung die DDR-Bevölkerung hermetisch vom Westen abgeschlossen.

Gesellschaft

Die Proteste in den USA gegen Rassendiskriminierung und -trennung häufen sich. In den Bundesstaaten Georgia und Louisiana demonstrieren Tausende farbiger US-Bürger für ihre politische, gesellschaftliche und wirtschaftliche Gleichberechtigung in den USA.

Wetter

Ein früher Wintereinbruch senkt den Temperaturschnitt im Dezember 1961 auf –1,5 °C. Mit ungewöhnlichen 65 Sonnenscheinstunden werden die Deutschen für die Kälte entschädigt.

1962

Sonntag 16. Dezember

Politik

Der indisch-chinesische Grenzkonflikt im Himalaja-Gebiet spitzt sich zu. Die indische Regierung in Neu-Delhi erhält eine Mitteilung aus der Sowjetunion, in der Ministerpräsident Nikita S. Chruschtschow seine Unterstützung im Kampf gegen die chinesische Volksrepublik anbietet. Seit Oktober liefern sich im Himalaja-Gebiet Truppen beider Länder heftige Gefechte. Ende November hatte China einen Waffenstillstand und Verhandlungen angeboten, die jedoch noch zu keinem konkreten Ergebnis geführt haben.

Kultur

Der berühmte ungarische Komponist Zoltán Kodály feiert in Budapest seinen 80. Geburtstag. Zur Feier des Tages wird seine Oper »Die Spinnstube« (1932) aufgeführt. Neben der Komposition widmete sich Kodály seit 1905 mit seinem Freund Béla Bartók der Sammlung und Erforschung ungarischer Volksmusik.

Wetter

Noch frostiger als 1961 zeigt sich der Dezember in diesem Jahr mit einer Durchschnittstemperatur von −3,0 °C. In der klaren Luft bringt es die Wintersonne auf 57 Scheinstunden.

1963

Montag 16. Dezember

Politik

Eine Blitzkonferenz bereinigt internationale Spannungen. Für 40 Minuten treffen der US-amerikanische Außenminister Dean Rusk und der französische Staatspräsident Charles de Gaulle in Paris zusammen. Dabei versichert de Gaulle, daß sein Land keinesfalls die Anerkennung der kommunistischen Volksrepublik China anstrebe. Die USA hatten Frankreich in den vergangenen Wochen für seine Annäherung an China scharf kritisiert. De Gaulle versichert Rusk, es handele sich lediglich um wirtschaftliche Kontakte.

Stars der 60er Jahre

Die Beatles
Popgruppe
Sean Connery
Filmschauspieler
Pelé
Fußballspieler
Jean Paul Belmondo
Filmschauspieler
Dustin Hoffman
Filmschauspieler

Gesellschaft

Weihnachten rückt näher und die Vorbereitungen laufen auf Hochtouren. Auf den Gabentischen finden sich erste in diesem Jahr auf den Markt gekommene Kassettenrekorder.

Wetter

Der Trend der Vorjahre setzt sich 1963 fort. Bei –2,7 °C herrscht im Dezember trockenes, bisweilen sehr kaltes Frostwetter.

1964

Mittwoch 16. Dezember

 Politik

In Bonn wird der kongolesische Ministerpräsident Moise Tschombé von Bundespräsident Heinrich Lübke empfangen. Tschombé, der sich zu einem Privatbesuch in Bonn aufhält, äußert den Wunsch, von der BRD wirtschaftliche Hilfe für den Aufbau seines von Unruhen erschütterten Landes zu erhalten. Die ehemalige belgische Kolonie war im Juni 1960 in die Unabhängigkeit entlassen worden. Darauf waren innenpolitische Konflikte eskaliert, die zum Einmarsch von UNO-Truppen führten.

 *Gesellschaft*

Die Bühne wird zum Forum für Proteste gegen die Rassendiskriminierung in den USA. Im New Yorker St. Mark's Playhouse wird das Schauspiel »Der Sklave« von LeRoi Jones uraufgeführt. Er zählt zu den aktivsten und engagiertesten Künstlern, die sich der Bürgerrechtsbewegung in den USA anschließen. Die Verbindung des Friedensnobelpreises 1964 an Martin Luther King gibt der Bewegung enormen Auftrieb.

 Wetter

Erstmals seit 1960 liegt die Durchschnittstemperatur im Dezember 1964 mit 1,4 °C wieder im Plusbereich. Dabei ist es meist bewölkt.

1965

Donnerstag 16. Dezember

Politik

Der Vietnamkrieg beschäftigt auch die europäischen Mächte. In Paris beraten die Verteidigungsminister der NATO über die Forderung der USA, ihre Kriegführung im Vietnamkrieg zu unterstützen. 1964 hatte sich der zweite Indochinakrieg durch die militärische Einmischung der USA zum Konflikt der Supermächte ausgeweitet.

Kultur

»**Sex and Crime**« sind unsozialistisch. Den jungen Schriftstellern der DDR wird von Politbüro-Mitglied Erich Honecker vorgeworfen, daß sie sich in ihren Werken mehr mit Gewalt und Sexualität beschäftigen, als mit den Idealen des »Arbeiter- und Bauernstaates«. Damit verstoßen sie gegen die Maßgaben der offiziellen DDR-Kulturbehörden, die dem »Sozialistischen Realismus« frönen.

Preise in den 60er Jahren

1 kg Butter	7,58
1 kg Mehl	1,06
1 kg Fleisch	7,91
1 l Vollmilch	0,50
1 Ei	0,21
10 kg Kartoffeln	2,88
1 kg Kaffee	16,61
Stundenlohn	4,15

in DM, Stand 1964

Wetter

Sonnig und warm verläuft der Dezember 1965 mit einem Temperaturschnitt von 2,7 °C – zwei Grad mehr als gewöhnlich in diesem Monat zu erwarten sind – und 67 Sonnenscheinstunden.

1966

Freitag 16. Dezember

🌐 Politik

»Wie ein faules Ei dem anderen« gleichen sich nach Auffassung von DDR-Staats- und Parteichef Walter Ulbricht die alte und die neue Regierung in Bonn. Mit diesem Urteil weist Ulbricht Vorschläge aus den SED-Reihen zurück, eine vorsichtige Annäherung an die BRD zu versuchen, wo seit Anfang Dezember die große Koalition aus CDU/CSU und SPD die Staatsgeschäfte führt.

🌐 Politik

»Mini« heißt das Schlagwort der 60er – hier in Form eines Strickkleides

Die Volksrepublik China verweist drei sowjetische Korrespondenten des Landes. Sie hatten über Ausschreitungen im Rahmen der »Großen Proletarischen Kulturrevolution« berichtet, die im Mai von Parteichef Mao Tse-tung eingeleitet worden war. Sie richtet sich gegen alle Traditionen und will eine neue politisierte Gesellschaft schaffen.

⛅ Wetter

Mit durchschnittlich 2,3 °C Lufttemperatur ist der Dezember 1966 um 1,5 Grad wärmer als gewöhnlich. Zahlreiche Wolkenfelder bringen großzügige 67 mm Niederschlag.

1967

Samstag 16. Dezember

Gesellschaft

Allen Protesten zum Trotz reißt die Testreihe mit US-amerikanischen Atomwaffen nicht ab. In der Wüste von Nevada startet heute der 27. unterirdische Atomwaffenversuch dieses Jahres.

Technik

Die Genforschung entwächst den Kinderschuhen. In den USA gelingt es einer Gruppe von Wissenschaftlern unter Leitung des Nobelpreisträgers Arthur Kronberg die genetische Grundsubstanz DNS (Desoxyribonukleinsäure) eines Virus im Reagenzglas künstlich herzustellen. Nach elfjähriger Forschung sind damit Kronberg zufolge die Vorausssetzungen für die Produktion von »Genen nach Maß« gegeben. Doch bis dahin dauert es noch eine Weile.

Kurzer Mantel mit Schlaghose: Auch in die Männermode kommt Bewegung

Wetter

Etwas wärmer als im Durchschnitt (0,7 °C) präsentiert sich in diesem Jahr der Dezember mit Temperaturen um 1,2 °C. Beachtliche 77 Sonnenscheinstunden sorgen für ein heiteres Jahresende.

1968

Montag 16. Dezember

 Kultur

Die neue Ruhr-Universität Dortmund wird in Anwesenheit von Bundespräsident Heinrich Lübke eröffnet. Sie soll den ständig wachsenden Andrang von Schulabgängern an die Hochschulen auffangen. Die Feierlichkeiten im Stadttheater werden von Demonstrationen gestört. Studenten der Pädagogischen Hochschule Ruhr protestieren gegen den massiven Dozentenmagel an den Universitäten in Nordrhein-Westfalen.

Der Piratensender »Radio Nordsee« nimmt außerhalb bundesdeutscher Hoheitsgewässer den Betrieb auf. Mit einer Reichweite von 1000 km erreicht der erste deutsche Piratensender mühelos seine Festland-Hörer.

 Gesellschaft

Empörung löst ein italienischer Fernsehbericht aus, durch den bekannt wird, daß Tierzüchter ihre Kälber mit Hilfe von Östrogen mästen. Das Hormon bewirkt, daß die Tiere rund 30% mehr Wasser im Gewebe speichern als normal und damit schneller mehr Gewicht auf die Waage bringen.

 Wetter

Der Winter 68/69 fängt im Dezember mit einem Temperaturschnitt von –1,7 °C gleich richtig an. Bei nur 25 Stunden Sonne fallen die 44 mm Niederschlag fast durchweg als Schnee.

1969

Dienstag 16. Dezember

Politik

Das Südtirol-Paket beendet eine zähes Ringen um die Grenzregion. Die Vereinbarung wurde auf Initiative der UNO zwischen Österreich und Italien ausgehandelt. Es garantiert einen Sonderstatus für die Region und gewährt der deutschen und ladinischen Bevölkerung sprachliche Autonomie. Der Konflikt geht auf die Zeit nach dem Ersten Weltkrieg zurück, als Südtirol Italien angegliedert worden war. Endgültig bereinigt ist er allerdings erst 1992, als die italienische Regierung allen Pflichten aus dem Vertrag nachgekommen ist.

Kultur

Eine der erfolgreichsten Ausstellungen der letzten Jahre geht im belgischen Mechelen zu Ende. Sie zeigte unter dem Titel »Der Fauvismus in Europa« Werke von André Derain, Maurice de Vlaminck, Georges Braque und Raoul Dufy. Ihre Werke entwickelten sich Anfang des 20. Jahrhunderts aus dem Impressionismus und zeichnen sich durch leuchtende Farben und Großflächigkeit aus.

Wetter

Ein Monatsmittel von –5,4 °C läßt Deutschland im Dezember 1969 im Eis erstarren. Die 46 mm Niederschlag gehen als Schnee auf die Erde nieder.

1970-1979

Highlights des Jahrzehnts

1970
- Neue deutsche Ostpolitik: Moskauer und Warschauer Vertrag
- Vietnamkrieg weitet sich auf Kambodscha aus
- Einstellung des Contergan-Prozesses

1971
- Einführung des Frauenwahlrechts in der Schweiz
- Friedensnobelpreis für Willy Brandt
- Hot pants – Modeschlager der Saison
- Kinohit »Love Story« rührt Millionen Zuschauer zu Tränen

1972
- Unterzeichnung des Rüstungskontrollabkommens SALT I
- Verhaftung von Baader-Meinhof-Terroristen
- Überfall palästinensischer Terroristen auf die israelische Mannschaft bei den Olympischen Spielen in München
- Unterzeichnung des Grundvertrages zwischen Bundesrepublik und DDR

1973
- Aufnahme beider deutscher Staaten in die UNO
- USA ziehen ihre Truppen aus Vietnam zurück
- Jom-Kippur-Krieg in Nahost
- Ölkrise: Sonntagsfahrverbot auf bundesdeutschen Straßen

1974
- Guillaume-Affäre stürzt Willy Brandt, neuer Bundeskanzler wird Helmut Schmidt
- Watergate-Affäre zwingt US-Präsident Nixon zum Rücktritt
- Deutschland wird Fußballweltmeister
- »Nelkenrevolution« in Portugal

1975
- Beginn des Bürgerkriegs im Libanon
- Unterzeichnung der KSZE-Schlußakte in Helsinki
- Spanien: Tod Francos und demokratische Reformen unter König Juan Carlos I.
- Einweihung des 3 km langen Elbtunnels in Hamburg
- Volljährigkeit von 21 auf 18 Jahre herabgesetzt

1976
- Umweltkatastrophe in Seveso
- Anschnallpflicht für Autofahrer
- Traumhochzeit des Jahres: Karl XVI. Gustav von Schweden heiratet die Deutsche Silvia Sommerlath

1977
- Entführung und Ermordung des Arbeitgeberpräsidenten Hanns Martin Schleyer
- Emanzipationswelle: Frauenzeitschrift »Emma« erscheint

1978
- Friedensverhandlungen zwischen Israel und Ägypten in Camp David
- In England kommt das erste Retortenbaby zur Welt

1979
- Überfall der Sowjetunion auf Afghanistan
- Schiitenführer Khomeini proklamiert im Iran die Islamische Republik
- Sandinistische Revolution beendet Somoza-Diktatur in Nicaragua

◀ Martina Navratilova gewinnt neunmal in Wimbledon, zuerst 1978

1970

Mittwoch 16. Dezember

Politik

Der Umweltschutz wird erstmals auf Bundesebene zum politischen Thema. Bundesinnenminister Hans-Dietrich Genscher fordert mehr Kompetenzen für den Bund, um Maßnahmen zur Luftreinhaltung, für die Lärmbekämpfung und für den Schutz des Wasserhaushaltes koordinieren zu können. Erstmals schlägt er auch vor, Umweltschutzgesetze international aufeinander abzustimmen.

Kultur

Der Regisseur und Theaterleiter Peter Zadek wird vom Kulturausschuß der Stadt Bochum einstimmig zum künftigen Intendanten des Bochumer Schauspielhauses gewählt. Hier bleibt er bis 1977. Bis 1967 war er unter Generalintendant Kurt Hübner an den Bremer Bühnen beschäftigt.

> Osterhasen dürfen nicht in neuem Papierglanz als Weihnachtsmänner verkauft werden, weil Milchschokolade nach dem Urteil des Landgerichts München maximal sechs Monate gelagert werden darf.

Wetter

Wenig Aufsehen erregt das Dezemberwetter 1970. Mit 1,7 °C ist es wärmer als normal (0,7 °C), die Niederschlagsmenge (35 mm) weicht aber nur wenig vom langjährigen Mittel für den Monat (41 mm) ab.

1971

Donnerstag 16. Dezember

Gesellschaft

Eine der spektakulärsten Entführungen der Nachkriegszeit findet ein glückliches Ende. 18 Tage nach seiner Verschleppung wird der Essener Großkaufmann Theo Albrecht gegen die Zahlung von 7 Mio. DM Lösegeld von den Erpressern freigelassen. Auf Wunsch der Familie war der Essener Bischof Franz Hengsbach als Vermittler eingeschaltet worden. Theo Albrecht ist zusammen mit seinem Bruder Karl Besitzer der Aldi-Lebensmittelmärkte und gehört zu den reichsten Geschäftsleuten der Bundesrepublik.

Kultur

Der US-amerikanische Film »Anatevka« hat in den bundesdeutschen Kinos Premier. Der Streifen nach dem Musical »Fiddler on the Roof« wird ein großer Kassenerfolg. Regie führte Norman Jewis. 1972 erhält sein Werk den Oscar für die beste Musikbearbeitung.

Wetter

Milde statt weiße Weihnacht gibt es im Dezember 1971. Mit 4,7 °C Durchschnittstemperatur ist es vier Grad wärmer als gewöhnlich. Aus den wenigen Wolken fallen nur 26 mm Niederschlag statt der zu erwartenden 41 mm.

1972

Samstag 16. Dezember

 Politik

Die internationale Drogenmafia schreckt vor nichts zurück. US-Beamte finden in den Leichen gefallener amerikanischer Soldaten aus Vietnam Heroin, das in die Vereinigten Staaten geschmuggelt werden sollte.

US-Sicherheitsberater Henry A. Kissinger berichtet auf einer Pressekonferenz über den Stand der im Oktober begonnenen Friedensverhandlungen mit Nord- und Südvietnam. Nachdem es zunächst so ausgesehen hatte, als würde der Krieg noch in diesem Jahr enden, verhärten sich die Fronten jetzt wieder merklich. Kissinger wirft Nordvietnam Verschleppungstaktik vor. Erst im Januar 1973 ziehen sich die USA aus dem Krieg zurück, der zwischen den nord- und südvietnamesischen Truppen noch bis 1975 anhält. Dann ist Saigon besiegt.

 Politik

In Paris geht der 20. Kongreß der Kommunistischen Partei Frankreichs zu Ende. Georges Marchais wird zum Generalsekretär gewählt.

Verhältnismäßig mild und trocken bleibt es im Dezember 1972 mit 1,4 °C und 28 mm Niederschlag im Monatsdurchschnitt. Der Winter stellt sich in diesem Jahr nur zögerlich ein.

1973

Sonntag 16. Dezember

Gesellschaft

Der 19jährige Paul Getty III. wird nach fünf Monaten Gefangenschaft von seinen Entführern freigelassen. Er war während eines Italien-Urlaubs in Rom gekidnappt worden. Der US-amerikanische Milliardär Paul Getty I. hatte sich erst nach einigem Zögern bereit erklärt, seinen Enkel für umgerechnet 6,8 Mio. DM auszulösen. Ursprünglich hatten die Kidnapper 10 Mio. DM gefordert. Erst als die Gangster ein abgeschnittenes Ohr des jungen Mannes an die Familie gesandt hatten, lenkte Getty ein und zahlte.

Kultur

Die weltberühmte Moskauer Ballettschule feiert heute ihr 200jähriges Bestehen. Zur Feier des Tages wird das »Schwanensee«-Ballett von Peter Tschaikowsky aufgeführt.

Wetter

Das Jahr 1973 endet ohne große Überraschungen: Mit Temperaturen um 0,5 °C ist es etwas kälter als gewöhnlich (langjähriger Mittelwert 0,7 °C). Dafür liegt die Niederschlagsmenge mit 53 mm etwas über den normalen 41 mm.

Preise in den 70er Jahren

1 kg Butter	8,36
1 kg Mehl	1,16
1 kg Fleisch	10,15
1 l Vollmilch	1,06
1 Ei	0,22
10 kg Kartoffeln	6,44
1 kg Zucker	1,65
Stundenlohn	10,40

in DM, Stand 1975

1974

Montag 16. Dezember

 Politik

Das Genfer Protokoll von 1925 kommt zu späten Ehren. Es wird in Washington vom US-Senat ratifiziert. Das Protokoll sieht ein Verbot von Giftgasen und chemischen Kampfstoffen im Kriegsfall vor. Die Kammer bestätigt außerdem die Konvention über das Verbot von biologischen Waffen. Im Vietnamkrieg setzten die USA chemische Kampfstoffe zur Entlaubung ein.

 *Gesellschaft*

Frankreich und die USA reagieren auf die gerade überstandene Ölkrise. Sie vereinbaren einen Stufenplan für eine gemeinsame Energiepolitik der westlichen Industrienationen. Er sieht eine verbesserte Zusammenarbeit auf dem Gebiet der Energieeinsparung und der Entwicklung alternativer Energiequellen vor. Anfang des Jahres hatten Libyen und die Länder des Persischen Golfs die Erdölpreise drastisch angehoben, um damit Druck auf die internationale Nahost-Politik auszuüben.

 Wetter

Herbstlich naß und ungewöhnlich warm ist es im Dezember 1974. Mit 5,2 °C wird der langjährige Mittelwert um 4,5 Grad überschritten. Die Niederschlagsmenge liegt 50 % höher als normal.

1975

Dienstag 16. Dezember

Gesellschaft

Der Korrespondent des Hamburger Nachrichtenmagazins »Der Spiegel«, Jörg Mettke, wird aus der DDR ausgewiesen. Er hatte aufgedeckt, daß Kinder von festgenommenen »Republikflüchtigen« zwangsweise zur Adoption freigegeben werden. Diese Maßnahme diene der Abschreckung und solle verhindern, daß Eltern, denen die Flucht gelingt, ihre Kinder in den Westen nachholen können. Nach Erscheinen des Artikels wird Mettke beschuldigt, er habe die DDR verleumdet.

Die Bibel ist und bleibt nach Angaben der UN-Organisation für Erziehung und Wissenschaft UNESCO das meistübersetzte Buch, knapp gefolgt von den Werken von Karl Marx und Friedrich Engels.

Sport

Evi Mittermaier aus Reit im Winkl startet ihre steile Karriere als Profi-Skisportlerin. Bei der alpinen Ski-Abfahrt im italienischen Cortina d'Ampezzo erringt sie ihren ersten Weltcupsieg.

Wetter

Abermals zu warm präsentiert sich der Dezember in diesem Jahr. Um zwei Grad wird der Normalwert für diesen Monat überschritten. Der Niederschlag von 45 mm fällt dabei meist als Regen.

1976

Donnerstag 16. Dezember

 Politik

Die chilenische Militärjunta unter Präsident Augusto Pinochet Ugarte gerät unter internationalen Druck. Die Vollversammlung der Vereinten Nationen in New York verurteilt die Diktatur Pinochets und klagt die fortgesetzten Verstöße des Regimes gegen die Menschenrechte an. Pinochet war 1973 im Rahmen eines von den USA unterstützten Putsches an die Macht gekommen.

Rekorde in den 70er Jahren

100 m: Marlies Göhr (GDR) – 10,88 sec (1977)
Hochsprung: Rosemarie Ackermann (GDR) – 2,00 m (1977)
Weitsprung: Vilma Bardauskiene (URS) – 7,09 m (1978)
800 m: S. Coe (GBR) – 1:42,4 min (1979)

 Gesellschaft

Zwei Tage nach seiner Entführung wird der 25jährige Industriellensohn Richard Oetker von seinen Kidnappern freigelassen. Die Familie hatte zuvor 21 Mio. DM Lösegeld übergeben. Oetker wurde 46 Stunden lang in einer engen Holzkiste gefangengehalten und trägt erhebliche gesundheitliche Schäden davon.

 Wetter

Bestes Winterwetter bietet der Dezember 1976. Die Temperaturen um –0,3 °C werden bei trockenem Wetter (nur 26 mm Niederschlag) als angenehm empfunden. Mit 43 Sonnenstunden ist es ungewöhnlich heiter.

1977

Freitag 16. Dezember

Gesellschaft

Die drastisch ansteigende Zahl arbeitsloser Jugendlicher steht im Mittelpunkt einer Konferenz von Delegierten aus 24 in der Organisation für wirtschaftliche Zusammenarbeit und Entwicklung (OECD) vertretenen Staaten, die heute in Paris beginnt. In der BRD sind etwa 6 % aller Erwerbslosen junge Berufsanfänger. Bei einer Gesamtarbeitslosenquote von 4,5 % herrschen 1977 – von den 90er Jahren aus besehen – noch geradezu paradiesische Zustände.

Stars der 70er Jahre

Robert de Niro
Filmschauspieler
Jane Fonda
Filmschauspielerin
Woody Allen
Filmregisseur
Steven Spielberg
Filmregisseur
Muhammad Ali
Boxer

Kultur

Der Schriftstellerverband PEN schließt seine Sitzung in Sydney mit einem Appell, mit dem die Regierungen Argentiniens, Südafrikas und Vietnams nachdrücklich aufgefordert werden, die Verfolgung und Unterdrückung von oppositionellen Schriftstellern zu unterlassen.

Wetter

Schnee bleibt Mangelware bei der Monatsdurchschnittstemperatur von 3,0 °C im Dezember 1977. Die Niederschläge (38 mm) fallen meist als Regen.

Samstag *16.* Dezember

Politik

Bei Neuwahlen in Belgien erhält die Christlich-Soziale Partei die meisten Stimmen. Die Wahlen waren notwendig geworden, weil der belgische Ministerpräsident Leo Tindemans im Oktober zurückgetreten war. Die Diskussionen um den Nationalitätenkonflikt, der durch die Regionalisierung des Landes gelöst werden sollte, hatten innerhalb der Koalition von Christlich-Sozialen und Sozialisten für dauernde Streitigkeiten gesorgt.

Ausgestellte Hosen und viel Schmuck trägt die moderne Frau in den 70er Jahren

Politik

Nach einem Prozeß vor dem Stuttgarter Oberlandesgericht werden zwei Mitglieder der RAF inhaftiert. Sie wurden wegen Mitgliedschaft in einer terroristischen Vereinigung zu Gefängnisstrafen von drei Jahren und zwei Jahren verurteilt.

Wetter

Bei durchschnittlich –0,6 °C im Dezember fällt die Rekordmenge an Niederschlägen (94 mm) fast durchgängig als Schnee. Trotzdem bricht die Sonne für 38 Stunden durch die Wolken.

1979

Sonntag 16. Dezember

Gesellschaft

Die im Oktober vereinbarten Erleichterungen im deutsch-deutschen Straßenverkehr haben ab heute Gültigkeit. Danach dürfen ca. 1,2 Millionen Westbürger, die im unmittelbaren Grenzbereich zur DDR leben, Anträge auf Gewährung von Tagesaufenthalten in der DDR stellen. In diesem Jahr fahren 415000 Menschen im Rahmen des sog. grenznahen Reiseverkehrs in die DDR.

Sport

Das Tennis-Team der USA schlägt im Finale des Davis-Cups in Los Angeles die Mannschaft aus Italien überlegen mit 5:0 und wiederholt damit seinen Erfolg von 1978. Es ist der 26. Sieg der USA in diesem Wettbewerb, der 1900 durch die Pokal-Stiftung von Dwight D. Davis seinen Anfang nahm.

Wetter

Das Jahrzehnt verabschiedet sich mit einem naßtrüben Dezember. Mit 3,8 °C ist es zwar ungewöhnlich warm, aber es fallen auch 71 mm statt der durchschnittlichen 41 mm Niederschlag.

Voll im Zeitgeschmack: Der Midimantel mit aufgesetzten Taschen für kalte Winter

1980-1989

Highlights des Jahrzehnts

1980
- Golfkrieg zwischen Iran und Irak
- Gründung einer neuen Bundespartei: »Die Grünen«
- Bildung der polnischen Gewerkschaft »Solidarność«

1981
- Attentate auf Ronald Reagan, den Papst und Anwar As Sadat
- Erster Start der wiederverwendbaren Raumfähre »Columbia«
- In den USA werden die ersten Fälle von AIDS bekannt
- Hochzeit des Jahres: Der britische Thronfolger Charles, Prince of Wales, heiratet Lady Diana

1982
- Krieg um die Falkland-Inseln
- Sozialliberale Koalition bricht auseinander; Helmut Kohl wird neuer Bundeskanzler
- Selbstjustiz vor Gericht: der Fall Bachmeier
- »E. T. – der Außerirdische« wird zum Kinohit

1983
- US-Invasion auf Grenada
- Skandal um gefälschte Hitler-Tagebücher
- Aerobic wird in der Bundesrepublik populär

1984
- Kießling-Wörner-Affäre
- Richard von Weizsäcker wird Bundespräsident
- Ermordung von Indiens Ministerpräsidentin Indira Gandhi, Nachfolger wird ihr Sohn Rajiv Gandhi

1985
- Michail Gorbatschow wird neuer Kremlchef
- Sensation: Der 17jährige Boris Becker siegt als erster Deutscher in Wimbledon
- »Live-Aid-Concert« für Afrika

1986
- Attentat auf Schwedens Ministerpräsidenten Olof Palme
- Katastrophe im Kernkraftwerk Tschernobyl
- Explosion der US-Raumfähre »Challenger«
- Premiere des Musicals »Cats« in Hamburg

1987
- Widerstand gegen Volkszählung
- Barschel-Affäre
- Matthias Rust landet mit einem Sportflugzug auf dem Roten Platz in Moskau

1988
- Atommüllskandal in Hessen
- Ende des Golfkriegs
- Geiseldrama von Gladbeck
- Dopingskandal überschattet Olympische Spiele in Seoul
- Reagan und Gorbatschow vereinbaren Verschrottung atomarer Mittelstreckenraketen

1989
- Die DDR öffnet ihre Grenzen
- Blutbad auf dem Platz des Himmlischen Friedens in Peking
- Demokratisierungskurs im gesamten Ostblock
- »Exxon Valdez«: Ölpest vor Alaska

◀ **Der »Thriller« der 80er: Michael Jackson ist der Megastar der Rockmusik**

1980

Dienstag 16. Dezember

 Politik

Mehr als 500 000 Menschen versammeln sich vor der Lenin-Werft im polnischen Danzig, wo das Denkmal für die Werftarbeiter feierlich enthüllt wird, die bei Unruhen 1970 von Regierungstruppen getötet wurden. Die blutigen Auseinandersetzungen waren durch drastische Preiserhöhungen bei Lebensmitteln ausgelöst worden. Die Aufstellung des Denkmals gehörte zu den Forderungen der neuen Streikbewegung in Polen, die im August u.a. Lohnerhöhungen und die Zulassung unabhängiger Gewerkschaften durchgesetzt hatte.

 Politik

Die Finanzlücken des neuen Bundeshaushalts sollen 1981 u.a. durch eine Erhöhung der Mineralöl- und Branntweinsteuer gefüllt werden. So entscheidet heute das Bundeskabinett, das insgesamt ein Haushaltsvolumen von 224,7 Mrd. DM verabschiedet. 24,4 Mrd. DM davon müssen durch neue Schulden gedeckt werden.

 Wetter

Der Dezember 1980 ist recht mild. Die Temperaturen um 1,5 °C liegen deutlich über dem langjährigen Durchschnittswert von 0,7 °C. Dabei gibt es viel Niederschläge.

1981

Mittwoch 16. Dezember

Politik

Seit der Verhängung des Kriegsrechts in Polen vor drei Tagen eskaliert die Gewalt zwischen streikenden Arbeitern und der Miliz. In Katowice und Danzig werden sieben Menschen getötet. Das Kriegsrecht, das Staats- und Parteichef General Wojciech Jaruzelski verhängt hatte, ist eine Reaktion auf die seit 1980 anhaltenden Streiks und Proteste in Polen. Im westlichen Ausland wird vermutet, daß Jaruzelski durch sein hartes Durchgreifen die drohende militärische Einmischung der Warschauer-Pakt-Staaten verhindern will.

Preise in den 80er Jahren

1 kg Butter	9,44
1 kg Mehl	1,36
1 kg Fleisch	11,83
1 l Vollmilch	1,22
1 Ei	0,26
10 kg Kartoffeln	8,84
1 kg Zucker	1,94
Stundenlohn	17,23

in DM, Stand 1985

Sport

Ein Skandal erschüttert Italiens Pferdesport. Die Polizei gibt bekannt, daß jahrelange Manipulationen von Rennergebnissen durch Doping entdeckt worden seien.

Wetter

Kalt und schneereich ist der Dezember 1981. –2,7 °C zeigt das Thermometer durchschnittlich – mehr als drei Grad weniger als gewöhnlich. Dabei fallen die 66 mm Niederschlag meist als Schnee.

1982

Donnerstag 16. Dezember

Gesellschaft

Zwar müssen sich Kriegsdienstverweigerer künftig nicht mehr der berüchtigten Gewissensprüfung unterziehen, dafür wird ihr Dienst aber von 16 auf 20 Monate verlängert. So schreibt es das Gesetz vor, das heute gegen die Stimmen der SPD-Opposition im Bundestag verabschiedet wird. Nach Auskunft der CDU/CSU-FDP-Regierung soll den Kandidaten durch den längeren Ersatzdienst die Chance gegeben werden, »die Ernsthaftigkeit der Motive für eine Kriegsdienstverweigerung« unter Beweis zu stellen. Die SPD-regierten Länder gehen vor das Bundesverfassungsgericht. Die Änderung des Zivildienstrechts ist eine der ersten Entscheidungen der neuen Bundesregierung unter Helmut Kohl. Der hat nach dem Koalitionswechsel der FDP im Oktober den sozialliberalen Bundeskanzler Helmut Schmidt abgelöst

»Supermäuse« sind das bahnbrechende Ergebnis neuester US-amerikanischer Forschungen auf dem Gebiet der Gentechnik. Die Mutanten sind etwa doppelt so groß wie ihre normalen Artgenossen.

Wetter

Viele fast frühlingshafte Tage bringt der Dezember in diesem Jahr. Durch 45 Sonnenstunden (im langjährigen Mittel sind es 36) erreicht die Durchschnittstemperatur 2,6 °C. Sie liegt damit 1,9 °C über dem langjährigen Mittel.

Freitag 16. Dezember

Politik

Die letzten 80 US-Soldaten ziehen aus Grenada ab. Zusammen mit Einheiten aus sechs Karibikstaaten waren Ende Oktober 5000 GIs auf der Insel gelandet, nachdem linksradikale Armeeangehörige durch einen Putsch eine Militärjunta errichtet hatten. Anfang November wurden die Kämpfe eingestellt. Aus den ersten Wahlen nach der Invasion geht im Dezember 1984 – für die USA wunschgemäß – die Neue Nationale Partei als Sieger hervor.

Politik

Eberhard Diepgen, der Berliner Landes- und Fraktionsvorsitzende der CDU, wird in Westberlin zum Kandidaten für die Nachfolge des Regierenden Bürgermeisters Richard von Weizsäcker bestimmt, der Berlin im Frühjahr 1984 verläßt, um das Amt des Bundespräsidenten zu übernehmen. Diepgen ist 1984–89 Bürgermeister von Westberlin und wieder ab 1991 von ganz Berlin.

Wetter

Kaum besondere Vorkommnisse meldet der Wetterbericht Dezember 1983. Mit 0,7 °C liegt das Monatsmittel voll im langjährigen Durchschnitt. Allerdings sorgen die reichlichen 63 Sonnenstunden (statt 36) für zahlreiche heitere Tage.

1984

Sonntag 16. Dezember

 Gesellschaft

Trotz Großfahndung bleibt der Verbrecher, der gestern beim Überfall auf einen Geldtransporter 2,9 Mio. DM erbeutete, auf freiem Fuß. Der bewaffnete Mann hatte den Angestellten einer Sicherheitsfirma auf dem Gelände des Frankfurter Flughafens aufgelauert und das Geld einkassiert, bevor er unerkannt entkommen konnte.

Stars der 80er Jahre

Richard Gere
Filmschauspieler
Madonna
Sängerin
Harrison Ford
Filmschauspieler
Jodie Foster
Filmschauspielerin
Michael Jackson
Sänger

 Sport

Die deutsche Fußball-Nationalmannschaft gewinnt in Valletta gegen Malta ihr zweites Qualifikationsspiel zur Weltmeisterschaft 1986 mit 3:2. Die bösen Ahnungen angesichts dieses eher peinlichen Ergebnisses bestätigen sich bei der WM in Mexiko nicht: Die deutsche Elf muß erst im Finale gegen Argentinien passen.

 Wetter

Wolken, aber wenig Niederschlag bringt der Dezember 1984. Die Sonne zeigt sich etwas seltener als gewöhnlich, und auch die Niederschlagsmenge (29 mm) liegt unter dem Schnitt (41 mm).

1985

Montag 16. Dezember

Politik

Der neue Hoffnungsträger der SPD, Johannes Rau, der als Spitzenkandidat für die Bundestagswahl 1987 antritt, erläutert in Ahlen seine Wahlkampfstrategie. Er fordert u.a. eine ökologische Erneuerung der Industriegesellschaft und Arbeitszeitverkürzungen. Ziel müsse es sein, die Trennung der Bevölkerungsschichten in Menschen mit und ohne Arbeitsplatz zu überwinden.

Kultur

Das Archiv der »Gruppe 47« geht in den Besitz der Akademie der Künste in Westberlin über. Die Schriftstellervereinigung war 1947 von jungen Autoren und Publizisten gegründet worden. Sie verstand sich bis zu ihrer Auflösung 1968 als Forum einer politisch engagierten Literatur, die sich für den Aufbau eines demokratischen Deutschland einsetzt. Viele später berühmte Schriftsteller, wie Heinrich Böll, Günter Grass oder Ingeborg Bachmann waren zeitweise Mitglieder der Gruppe.

Wetter

Ideales Grippewetter beschert der Dezember 1985. Die Durchschnittstemperatur von 4,2 °C liegt 3,5 Grad höher als normalerweise. Dabei fallen 63 mm Regen – 22 mm mehr als gewöhnlich.

1986

Dienstag 16. Dezember

 Politik

In der asiatischen Sowjetrepublik Kasachstan löst ein Amtswechsel an der Parteispitze Unruhen aus. Der Russe Gennadij Kolbin löst den 74jährigen Kasachen Dinmuchamed Kunajew ab, der seit 1960 amtiert hatte. In der Hauptstadt Alma Ata protestieren daraufhin Studenten, bei denen der kasachische Anteil besonders hoch ist, gegen die Ernennung. In dem Gebiet sind 48% der Bevölkerung Kasachen und 32% Russen.

 Gesellschaft

Die EG-Landwirtschaftsminister einigen sich in Brüssel auf ein Maßnahmenpaket, das die Überproduktion von Milch und Rindfleisch reduzieren soll. So sind Zuschüsse bei Flächenstillegungen in der Landwirtschaft vorgesehen.

 Wetter

Regen und Schneestürme prägen den Dezember 1986. 117 mm bedeuten fast dreimal soviel Niederschlag wie im langjährigen Mittel (41 mm). Bei Temperaturen um 2,2 °C ist es auch zu warm.

Rekorde in den 80er Jahren

1500 m: S. Aouita (MAR) – 3:29,46 min (1985)
Stabhochsprung: Sergej Bubka (URS) – 6,00 m (1985)
100 m: Florence Griffith (USA) – 10,49 sec (1988)
Hochsprung: Javier Sotomayor (CUB) – 2,44 m (1989)

1987

Mittwoch 16. Dezember

Politik

Erstmals seit 16 Jahren wird in Südkorea ein Präsident demokratisch gewählt. Der Kandidat der Gerechtigkeitspartei Roh Tae Woo geht als Sieger aus den Wahlen hervor. Als die beiden unterlegenen Kandidaten Woo Wahlbetrug vorwerfen, brechen gewalttätige Protestaktionen aus. Die südkoreanische Führung hatte sich im Juli zu demokratischen Reformen durchgerungen.

Gesellschaft

In einem Mammutprozeß werden 19 italienische Mafiosi in Palermo zu lebenslanger Haft verurteilt. 323 weitere Verdächtige erhalten Strafen von bis zu 28 Jahren.

Sport

Das Fußball-Länderspiel zwischen Argentinien und der BRD in Buenos Aires endet mit einem knappen 1:0-Sieg für den Gastgeber.

Wetter

Fast normal gibt sich der Dezember 1987. Statt des langjährigen Mittels von 41 mm Niederschlag und 36 Stunden Sonnenschein fallen nur 33 mm bei 36 Stunden Sonne. Mit 2,6 °C ist es allerdings zu warm.

1988

Freitag 16. Dezember

Gesellschaft

Der bisherige Berliner Kardinal Joachim Meisner wird neuer Erzbischof von Köln. Der Ernennung gingen monatelange Streitigkeiten zwischen dem Vatikan und dem Kölner Domkapitel voraus. Das Domkapitel hatte Meisners Ernennung nicht mit absoluter Mehrheit zugestimmt. Daraufhin setzte Papst Johannes Paul II. die Kölner Wahlordnung außer Kraft und erklärte die Ernennung seines Favoriten Meisner für vollzogen. Das Gerangel um Meisner, in das sich auch Politiker der Landesregierung Nordrhein-Westfalen einschalteten, wird weit über die Grenzen Kölns hinaus für viele Kritiker zum willkommenen Anlaß, um die undemokratischen Strukturen innerhalb der katholischen Kirche öffentlich anzuprangern.

Auffällig unauffällig: So stellt sich die lässige Frau der 80er ihre Mode zusammen

Wetter

Novemberwetter mit mehr Regen (59 mm) und weniger Sonne als normal (32 statt 36 Stunden) bringt der Dezember 1988. Dabei ist es mit 3,4 °C auch viel zu warm: Der langjähriger Mittelwert für den Monat liegt bei 0,7 °C.

1989

Samstag 16. Dezember

Politik

In Leipzig beginnt der Gründungsparteitag des »Demokratischen Aufbruch«. Die Veranstaltung besuchen auch zahlreiche Politiker aus der BRD. Die Partei setzt sich für die deutsche Einheit und die soziale Marktwirtschaft ein. Bei den ersten freien Wahlen zur Volkskammer 1990 beteiligt sich der Demokratische Aufbruch am konservativen Wahlbündnis »Allianz für Deutschland«, das unter Führung von Lothar de Maizière (CDU) als letztem Ministerpräsidenten der DDR die Regierungskoalition bildet.

Gesellschaft

Das Hotel »Central« auf dem Berliner Kurfürstendamm brennt nieder. Das Feuer, bei dem vier Menschen ums Leben kommen, wurde vermutlich von einem betrunkenen Gast verursacht.

Wetter

Leger und bequem: Herrenmode im Oversize-Stil mit Jackenmantel

Wie in den Vormonaten ist es auch im Dezember 1989 viel milder als normalerweise: 2,7 °C im Monatsschnitt bedeuten eine Abweichung von zwei Grad gegenüber dem langjährigen Mittel.

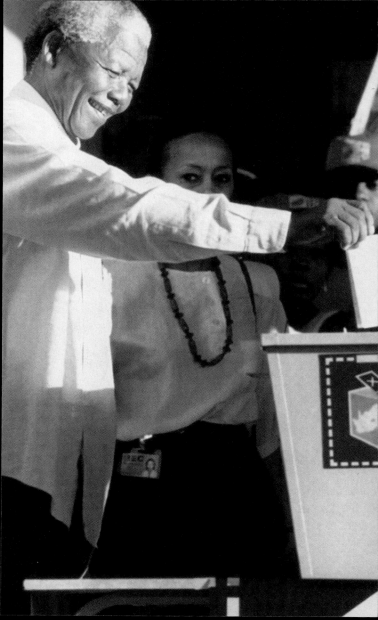

1990–1996

Highlights des Jahrzehnts

1990
- Wiedervereinigung Deutschlands
- Nelson Mandela nach 27jähriger Haft freigelassen
- Irakische Truppen überfallen das Emirat Kuwait
- Gewerkschaftsführer Walesa neuer polnischer Präsident
- Litauen erklärt Unabhängigkeit
- Deutsche Fußballnationalelf zum dritten Mal Weltmeister
- Star-Tenöre Carreras, Domingo und Pavarotti treten gemeinsam auf

1991
- Alliierte befreien Kuwait und beenden Golfkrieg
- Auflösung des Warschauer Pakts
- Bürgerkrieg in Jugoslawien
- Auflösung der Sowjetunion – Gründung der GUS
- Sensationeller archäologischer Fund: »Ötzi«
- Vertrag von Maastricht
- Sieben Oscars für Kevin Costners »Der mit dem Wolf tanzt«
- Bürgerkrieg in Somalia
- Frieden im Libanon

1992
- Abschaffung der Apartheid-Politik in Südafrika
- Entsendung von UN-Blauhelmsoldaten nach Jugoslawien
- Tod des ehemaligen Bundeskanzlers Willy Brandt
- Bill Clinton zum 42. US-Präsidenten gewählt
- In Hamburg wird mit Maria Jepsen zum ersten Mal eine Frau Bischöfin
- Fertigstellung des Rhein-Main-Donau-Kanals

1993
- Teilung der ČSFR in die Tschechische und die Slowakische Republik
- Rechtsradikale Gewalttakte gegen Ausländer
- Gaza-Jericho-Abkommen
- Skandal um HIV-Blutplasma
- Einführung von fünfstelligen Postleitzahlen im Bundesgebiet
- Sexskandal um Pop-Star Michael Jackson
- Franziska van Almsick »schwimmt« in Goldmedaillen

1994
- Nelson Mandela erster schwarzer Präsident Südafrikas
- Fertigstellung des Eurotunnels unter dem Ärmelkanal
- Über 900 Todesopfer beim Untergang der Fähre »Estonia«
- Abzug der letzten russischen Truppen aus Berlin
- Michael Schumacher erster deutscher Formel-1-Weltmeister

1995
- Weltweite Proteste gegen französische Atomversuche im Pazifik
- Giftgasanschlag in der U-Bahn von Tokio
- Einführung von Pflegeversicherung und Solidaritätszuschlag
- Verpackungskünstler Christo verhüllt den Berliner Reichstag
- Friedensvertrag für Bosnien

1996
- Arafat gewinnt Wahlen in Palästina
- IRA kündigt Waffenstillstand auf
- 100 Jahre Olympia: Jubiläumsspiele der Superlative in Atlanta

◀ **Verkörperung des neuen Südafrika: Nelson Mandela bei den Wahlen 1994**

1990

Sonntag 16. Dezember

Politik

Der linksgerichtete Priester Jean-Bertrand Aristide gewinnt mit 66,7% der Stimmen die Präsidentschaftswahlen auf Haiti. Im März war die Militärdiktatur des Landes gestürzt worden. Aristide, der besonders den verarmten Bevölkerungsschichten neue Hoffnung gibt, wird Ende 1991 vom Militär vertrieben. 1994 beseitigen internationale Streitkräfte das neue Regime und verhelfen Aristide zur Rückkehr.

> Rod Stewart, berühmte britische Rock-Ikone, schmückt sich mit Jugend. Er heiratet im Alter von 45 Jahren im amerikanischen Beverly Hills seine 22jährige Liebe, das Model Rachel Hunter.

Sport

Pete Sampras (USA) gewinnt den Grand-Slam-Cup in München. Im Finale des mit 6 Mio. US-Dollar dotierten, bislang teuersten Turniers der Tennisgeschichte schlägt er Brad Gilbert (USA). Boris Becker nahm aus Protest gegen die »perverse« Preisgeldpolitik nicht teil.

Wetter

Viel Feuchtigkeit bringt der Dezember 1990 mit seinen 73 mm Niederschlag, die den Normalwert (41 mm) deutlich überbieten. Bei einer Durchschnittstemperatur von 1,1 °C mischen sich Regen, Eisregen und Schnee.

1991

Montag 16. Dezember

Politik

Die aufsehenerregende Affäre um Lutz Stavenhagen, der im Bundeskanzleramt für die Koordination der Geheimdienste zuständig war, endet mit dem Amtsantritt seines Nachfolgers Bernd Schmidbauer. Stavenhagen war über geheimgehaltene Waffenlieferungen aus DDR-Beständen an Israel gestolpert.

> **Stars der 90er Jahre**
>
> **Kevin Costner**
> Filmschauspieler
> **Julia Roberts**
> Filmschauspielerin
> **Whitney Houston**
> Sängerin
> **Michael Schumacher**
> Rennfahrer
> **Luciano Pavarotti**
> Sänger

Politik

Der Oberste Sowjet von Kasachstan verabschiedet das Gesetz über die Unabhängigkeit der Republik. Damit hat sich eine weitere Sowjetrepublik aus dem Staatsverbund gelöst. Am 21. Dezember schließt sich Kasachstan der Gemeinschaft Unabhängiger Staaten (GUS) an: Gorbatschow wird abgesetzt, die Sowjetunion aufgelöst.

Wetter

Sehr wechselhaft gebärdet sich der Dezember 1991. Die 73 mm Niederschlag übersteigen das langjährige Mittel von 43 mm ebenso deutlich wie die Sonnenscheindauer mit 54 (statt 36) Stunden.

1992

Mittwoch 16. Dezember

 Politik

Preise in den 90er Jahren

1 kg Butter	8,20
1 kg Mehl	1,21
1 kg Fleisch	12,85
1 l Vollmilch	1,33
1 Ei	0,27
10 kg Kartoffeln	10,30
1 kg Zucker	1,92
Stundenlohn	24,91
in DM, Stand 1993	

Nach zwölf Jahren schweigen in El Salvador die Waffen. Der 1980 ausgebrochene Bürgerkrieg wird nach Vermittlung der UNO durch einen Friedenvertrags zwischen Präsident Alfredo Cristiani und den Chefs der fünf Guerillagruppen der Nationalen Befreiungsfront (FMLN) beendet. Der Krieg war aus dem Kampf der linksgerichteten Guerillas gegen die Regierungsjunta aus Militärs und christdemokratischen Politikern erwachsen, die von den USA unterstützt wurden.

 Politik

Bundeskanzler Helmut Kohl reist nach Rußland. Er sichert Präsident Jelzin als Unterstützung für den Demokratisierungsprozeß die Stundung russischer Schulden in Höhe von 17,6 Mrd. DM zu.

 Wetter

Sonnig beginnt der Dezember 1992, um regnerisch zu enden. Daher liegen sowohl die Niederschlagsmenge (60 mm) als auch die Sonnenscheindauer (55 Stunden) weit über »normal«.

1993

Donnerstag 16. Dezember

Politik

Die Bundeswehr wird um 20 000 Mann verkleinert. Dies teilt heute Bundesverteidigungsminister Volker Rühe (CDU) mit. Als Begründung gibt er die Kürzung des Verteidigungshaushaltes an. Insgesamt umfaßt die Bundeswehr jetzt noch 350 000 Soldaten. Die Verringerung der deutschen Streitkräfte gehört zu den Ergebnissen der sog. 2-plus-4-Gespräche vom September 1990, die den Weg zur deutschen Einheit ebneten und die Nachkriegszeit endgültig beendeten.

Gesellschaft

Prinzessin Diana wird während ihres Besuchs einer Wohltätigkeitsveranstaltung in London von der Presse belagert wie nie zuvor. Sie hatte angekündigt, dies sei ihr letzter offizieller Auftritt, sie wolle sich mehr der Familie widmen.

Rekorde in den 90er Jahren

Weitsprung: Mike Powell (USA) – 8,95 m (1991)
110 m Hürden: Colin Jackson (USA) – 12,91 sec (1993)
Skifliegen: E. Bredesen (NOR) – 209 m (1994)
Dreisprung: J. Edwards (GBR) – 18,29 m (1995)

Wetter

Mild und feucht präsentiert sich das Dezemberwetter 1993. Die Temperaturen um 3,8 °C liegen weit über dem Mittel von 0,7 °C. Mit 85 mm fällt doppelt soviel Regen wie in durchschnittlichen Jahren.

1994

Freitag 16. Dezember

Politik

Russischen Soldaten, die vor fünf Tagen in die nach Unabhängigkeit strebende Kaukasusrepublik Tschetschenien einmarschiert sind, stellen sich 150 unbewaffnete Frauen entgegen. Kommandant Ivan Babichev stoppt den Vormarsch und weigert sich, die weiblichen Zivilisten anzugreifen. Die als »Blitzangriff« geplante Militäraktion weitet sich in den nächsten Monaten aufgrund des erbitterten Widerstands der Bevölkerung zum Krieg aus.

Krawatte ist kein Muß mehr: Anzug mit zweireihigem Sakko

Politik

Mit Erleichterung reagiert die Öffentlichkeit auf den gestrigen Beschluß des Bundesgerichtshof, das milde Urteil eines Mannheimer Gerichtes gegen NPD-Chef Deckert aufzuheben. Vor allem die positive Beurteilung von Deckerts Charakter hatte Empörung ausgelöst.

Wetter

Außergewöhnlich sonnig fällt der Dezember in diesem Jahr aus. Er bietet 63 Sonnenstunden – fast doppelt so viele wie gewöhnlich. Dabei klettern die Temperaturen auf einen Monatsschnitt von 3,8 °C.

1995

Samstag 16. Dezember

Politik

»Euro« soll die neue Währung heißen, wenn dereinst die Währungsunion in der Europäischen Union Wirklichkeit werden sollte. Auf diesen Namen einigen sich die Mitglieder der EU auf einer Konferenz, die heute in Madrid beginnt. Bundesfinanzminister Theo Waigel wertet die Entscheidung als positives Signal, denn mit diesem Namen, von der BRD gekürt, setzen sich die Deutschen in der EU gegen den französischen Ecu durch.

Für die heißen Sommer der 90er Jahre: Kleid mit Bustieroberteil

Gesellschaft

In der deutschen Presse erscheinen Berichte über sensationelle Fortschritte in der Aids-Forschung. Am Vortag hatte in den USA das Wissenschaftsmagazin »Science« erstmals über Eiweißstoffe informiert, die das Fortschreiten der bislang unheilbaren Imunschwächekrankheit hemmen können.

Wetter

Den ersten richtigen Winter seit fast 10 Jahren leitet der Dezember 1995 mit einem Temperaturschnitt von −2,8 °C ein.

1996

Montag 16. Dezember

1997

Dienstag 16. Dezember

1896

Mittwoch 16. Dezember

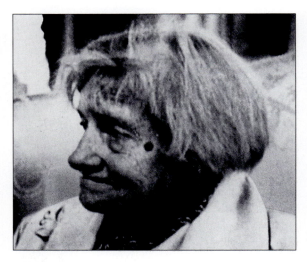

Anna Anderson-Manahan
*16.12.1896 Borek (Polen)

Ihr Schicksal beschäftigte jahrzehntelang Justiz, Hochadel und Boulevardpresse. Anna Anderson-Manahan behauptete, Anastasia, die jüngste Tochter von Zar Nikolaus II. zu sein. Sie gab an, als einzige das 1918 von Kommunisten verübte Massaker an der Zarenfamilie Romanow überlebt zu haben. Seit 1920 kämpfte sie um die Anerkennung ihrer »wahren« Identität, die von vielen europäischen Aristokraten bestätigt wurde. Enge Verwandte widersprachen diesem Urteil jedoch. 1984 nahm »Anastasia« die Wahrheit mit ins Grab.

1901
Montag 16. Dezember

Margaret Mead
*16.12.1901 Philadelphia

Die ersten Anhängerinnen der amerikanischen Frauenbewegung entdeckten die Bücher der Anthropologin in den 70er Jahren und verhalfen Margaret Mead zu großer Berühmtheit. Jahrelang hat sie auf dem Gebiet der sog. Kultur- und Persönlichkeitsforschung gearbeitet. Eines ihrer Ergebnisse war, daß Frauen in der vermeintlich modernen amerikanischen Gesellschaft in weit größerem Maße benachteiligt werden, als in vielen anderen, gerade auch »primitiven« Kulturen. Magaret Mead starb am 15. November 1978 in New York.

1939

Samstag 16. Dezember

Liv Ullmann
*16.12.1939 Tokio

Mühelos trat die norwegische Schauspielerin Liv Ullmann in den 60er Jahren aus dem Schatten ihrer großen skandinavischen »Vorgängerinnen«, Greta Garbo und Ingrid Bergman. Ihre unaufhaltsame Karriere war eng verknüpft mit der Beziehung zu Ingmar Bergman, in dessen Filmen wie »Szenen einer Ehe« (1973) oder »Herbstsonate« (1978) ihre Stärken zur Geltung kamen. Ende der 70er Jahre wandte sie sich wieder dem Theater zu und führte selbst Regie (»Love«, 1981). Seit 1980 engagiert sie sich als Sonderbotschafterin der UNICEF.

1946
Montag 16. Dezember

Benny Andersson
*16.12.1946 Schweden

Mit »Waterloo« (1974) fing alles an: »Abba« mit Benny Andersson am Keyboard erlebte einen kometenhaften Aufstieg. Das Stück der schwedischen Band landete beim Grand Prix d'Eurovision auf Platz eins und sogar in den Top-10 der USA. Die Band wurde zum schwedischen Exportartikel Nr. 1. Benny heiratete 1978 seine »Abba«-Kollegin Anni-Frid Lyngstad. Das ging bis 1981 gut. Ein Jahr später trennte sich auch die Gruppe. Im Jahr 1992 erlebten ihre Hits im Zuge des 70er-Jahre-Booms eine unglaubliche Renaissance.

1964

Mittwoch 16. Dezember

Heike Drechsler
*16.12.1964 Gera

Schon 1983, als 19jährige, gehörte Heike Drechsler zu den Top-Stars der Leichtathletik. Welt- und Europameistertitel reihten sich aneinander, die Liste ihrer Rekorde wurde immer länger. 1983 war sie Weltmeisterin im Weitsprung, 1985 und 1986 schraubte sie den Weitsprung-Weltrekord höher, 1986 wurde sie Europameisterin über 200 m. Bei den Olympischen Spielen 1992 in Barcelona landete Heike Drechsler mit 7,14 m vor ihrer Weitsprung-Konkurrentin Jackie Joyner-Kersee (USA). Ein Jahr darauf wurde sie bei der WM in Stuttgart Erste.

Impressum

© Chronik Verlag
im Bertelsmann Lexikon Verlag GmbH, Gütersloh/München 1996

Autor:	Brigitte Esser, Sonsbeck-Labbeck
Redaktion:	Manfred Brocks, Dortmund
Bildredaktion:	Sonja Rudowicz
Umschlaggestaltung und Layout:	Pro Design, München
Satz:	Böcking & Sander, Bochum
Druck:	Brepols, Turnhout

Abbildungsnachweis: Cinetext, Frankfurt a.M.: 130; Keystone, Hamburg: 129, 131; Süddeutscher Verlag, München: 128; Werek, München: 132.
Modefotos 1900-30er Jahre, Damenmode 40er Jahre, Damenmode 50er Jahre: Bertelsmann Lexikon Verlag, Gütersloh; Modefotos Herrenmode 40er Jahre, Herrenmode 50er Jahre, 60er-90er Jahre: Prof. Dr. Ingrid Loschek, Boxford.
Alle übrigen Abbildungen: Bettmann Archive/UPI/Reuters/John Springer Coll., New York.

Trotz größter Sorgfalt konnten die Urheber des Bildmaterials nicht in allen Fällen ermittelt werden. Wir bitten gegebenenfalls um Mitteilung.

Das Werk einschließlich seiner Teile ist urheberrechtlich geschützt. Jede Verwertung außerhalb der engen Grenzen des Urheberrechtsgesetzes ist ohne Zustimmung des Verlags unzulässig und strafbar. Das gilt insbesondere für Vervielfältigungen, Übersetzungen, Mikroverfilmungen und die Einspeicherung und Verarbeitung in elektronischen Systemen.

ISBN 3-577-31216-5

*Bücher
aus dem
Chronik Verlag
sind immer
ein persönliches
Geschenk*

Chronik
Verlag

DIE PERSÖNLICHE CHRONIK

Vom 1. Januar bis zum 31. Dezember

Individuelle Bücher – für jeden Tag des Jahres eines. Mit allen wichtigen Ereignissen, die sich genau an diesem besonderen Tag während der Jahre unseres Jahrhunderts zugetragen haben. Doch trotz all der großen Ereignisse des Weltgeschehens – es gibt immer auch persönlich wichtige Daten für jeden einzelnen Menschen, sei es ein Geburtstag, Hochzeitstag, Erinnerungstag, oder der Tag, an dem eine entscheidende Prüfung bestanden wurde. So wird aus einem Tag im Spiegel des Jahrhunderts zugleich auch ein »persönlicher« Tag. Und endlich gibt es für all diese Anlässe das richtige Buch, das passende Geschenk!

Persönliches Horoskop

Was sagen die Sterne zu den jeweiligen Tagen? Außerdem erfahren Sie, welche bekannten Menschen unter dem gleichen Sternzeichen geboren wurden.

Ein ganz besonderer Tag

Hier erfahren Sie, was genau diesen Tag zu einem ganz besonderen Tag macht.

Die Ereignisse des Tages im Spiegel des Jahrhunderts

Von 1900 bis zur Gegenwart werden die Fakten des Weltgeschehens berichtet, pro Jahr auf einer Seite! Mit Beginn jedes Jahrzehnts wird die Dekade kurz in der Übersicht dargestellt. Aufgelockert sind die Fakten durch viele Abbildungen und Illustrationen.

Geburtstage berühmter Persönlichkeiten

Berühmte Personen, die an diesem besonderen Tag Geburtstag haben, finden sich mit ihrem Porträt und kurzer Biographie wieder.

Die persönliche Chronik

366 individuelle Bände
je 136 Seiten mit
zahlreichen Abbildungen
Gebunden

In allen Buchhandlungen

CHRONIK-BIBLIOTHEK DES 20. JAHRHUNDERTS

Von 1900 bis zur Gegenwart

Die »Chronik-Bibliothek« ist die umfassende Dokumentation unseres Jahrhunderts. Für jedes Jahr gibt es einen eigenen, umfangreichen und zahlreich – überwiegend farbig – bebilderten Band. Tag für Tag wird dabei das Weltgeschehen in Wort und Bild nachgezeichnet – jetzt lückenlos bis an die Gegenwart. Sie können das jeweilige Jahr in chronologischer Folge an sich vorüberziehen lassen, aber die »Chronik« auch als Nachschlagewerk oder als Lesebuch benutzen. Ein prachtvolles Geschenk – nicht nur für Jubilare. Und wer die »Chronik-Bibliothek« sammelt, erhält ein Dokumentationssystem, wie es in dieser Dichte und Genauigkeit sonst nicht zu haben ist.

»Chronik-Bibliothek« des 20. Jahrhunderts
Je Band 240 Seiten
600-800 überwiegend farbige Abbildungen
sowie zahlreiche Karten und Grafiken
12 Monatskalendarien mit mehr als
1000 Einträgen, zirca 400 Einzelartikel,
20 thematische Übersichtsartikel
Anhang mit Statistiken, Nekrolog und Register
Ganzleinen mit Schutzumschlag

In allen Buchhandlungen

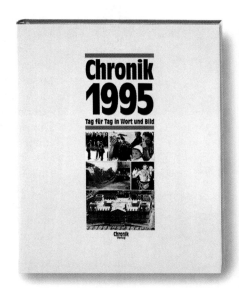